OLULINE LIIBANI KOKARAAMAT

Õppige Liibanoni kokakunsti 100 olulise retsepti abil

Irina Kallas

Autoriõigus materjal ©2024

Kõik õigused kaitstud

Ühtegi selle raamatu osa ei tohi mingil kujul ega vahenditega kasutada ega edastada ilma kirjastaja ja autoriõiguse omaniku nõuetekohase kirjaliku nõusolekuta, välja arvatud ülevaates kasutatud lühikesed tsitaadid. Seda raamatut ei tohiks pidada meditsiiniliste, juriidiliste või muude professionaalsete nõuannete asendajaks.

SISUKORD

- **SISUKORD** 3
- **SISSEJUHATUS** 7
- **HOMMIKUSÖÖK** 8
  - 1. Manakish (Liibanoni lehtleib Za'atariga) 9
  - 2. Foul Moudammas (Fava ubade hommikusöök) 11
  - 3. Labneh oliiviõli ja ürtidega 13
  - 4. Balila (kikerherne hommikusöögikauss) 15
  - 5. Kaak (Liibanoni seesami leivarõngad) 17
  - 6. Zaatar Manakeesh 19
  - 7. Jebneh w'Jambon (Liibanoni juustu ja singi omlett) 22
  - 8. Akkawi juustu ja mee võileib 24
  - 9. Shakshuka 26
  - 10. Labneh ja Za'atari röstsai 28
- **SUUPÄID JA SUUPÖÖD** 30
  - 11. Falafel 31
  - 12. Lähis-Ida Kibbeh 33
  - 13. Viinamarja lehed Aleppo 35
  - 14. Täidisega sibul 37
  - 15. Hummus männipähklite ja oliiviõliga 40
  - 16. Täidetud Romano paprika 42
  - 17. Täidetud baklažaan lambaliha ja seedermännipähklitega 45
  - 18. Täidisega kartul 48
  - 19. Baba Ghanoush 51
  - 20. Labneh (jogurtijuustumääre) 53
  - 21. Za'atar ja oliiviõli kaste 55
  - 22. Laban Bi Khiar (jogurti- ja kurgikaste) 57
  - 23. Sambousek (Liibanoni lihapirukad) 59
  - 24. Liibanoni juustu Fatayer 61
  - 25. Liibanoni Sumac Kebab 63
  - 26. Vürts lambaliha ja ürt Kofta 65
  - 27. Liibanoni pitakrõpsud 67
  - 28. Ghraybeh (Liibanoni muruküpsised) 69
- **PÕHIROOG** 71

29. Liibanoni Bamia (Okra hautis) 72
30. Liibanoni riis vermikelliga (Roz bel Shaghriyeh) 74
31. Liibanoni kana Shawarma 76
32. Falafel Pita võileib Tahini kastmega 79
33. Lambatäidisega küdoonia granaatõuna ja koriandriga 81
34. Tagurpidi (Maqluba) 84
35. Veiseliha ja kudoonia 87
36. Baharati kana ja riis 89
37. Röstitud maguskartul ja värsked viigimarjad 92
38. Na'ama on rasvane 94
39. Röstitud baklažaan praetud sibulaga 96
40. Röstitud squash za'atariga 98
41. Fava Bean Kuku 100
42. Sidruni porru lihapallid 103
43. Chermoula baklažaan Bulguri ja jogurtiga 105
44. Praetud lillkapsas tahiniga 108
45. Šveitsi mangold Tahini, jogurti ja männipähklitega 110
46. Kofta B'siniyah 113
47. Sabih 116
48. Nisumarjad, mangold ja granaatõunamelass 119
49. Balilah 121
50. Safraniriis lodjamarjade ja pistaatsiapähklitega 123
51. Kana sofrito 125
52. Metsik riis kikerherneste ja sõstardega 128
53. Põletatud baklažaan koos Granaatõuna seemned 131
54. Odrarisotto marineeritud fetaga 133
55. Röstitud kana klementiinidega 136
56. Mejadra 139
57. Panfried meriahven koos Harissa ja roosiga 142
58. Krevetid, kammkarbid ja karbid tomati ja fetaga 145
59. Hautatud vutt aprikooside ja tamarindiga 148
60. Pošeeritud kana freekeh'ga 151
61. Kana sibula ja kardemoni riisiga 154
62. Veiselihapallid Fava ubade ja sidruniga 157
63. Lambalihapallid lodjamarjade, jogurti ja ürtidega 160
64. Polpettone 163
65. Lamba shawarma 166

66. Lõhepihvid Chraimehi kastmes 169
67. Marineeritud magushapu kala 171

KÕRVALTOS JA SALATID 174

68. Batata Harra (vürtsikas Liibanoni kartul) 175
69. Ümberpööratud baklažaan 177
70. Röstitud lillkapsa ja sarapuupähkli salat 179
71. Fricassee salat 181
72. Safrani kana ja ürdisalat 184
73. Juurviljasalv labnehiga 187
74. Tabbouleh 189
75. Segaoasalat 191
76. Kohlrabi salat 193
77. Vürtsitud kikerherned ja köögiviljasalat 195
78. Vürtsikas peedi-, porru- ja pähklisalat 198
79. Turske suvikõrvitsa ja tomati salat 201
80. Peterselli ja odra salat 203
81. Rasvane salat 205
82. Vürtsikas porgandisalat 207

SUPID 209

83. Vesikressi ja kikerhernesupp roosiveega 210
84. Kuum jogurti- ja odrasupp 212
85. Cannellini oa- ja lambalihasupp 214
86. Mereandide ja apteegitilli supp 217
87. Pistaatsia supp 220
88. Põletatud baklažaani ja Mograbiehi supp 223
89. Tomati ja juuretisega supp 226
90. Selge kanasupp knaidlachiga 228
91. Vürtsikas freekeh supp lihapallidega 231

MAGUSTOIT 234

92. Sfouf (kurkumikook) 235
93. Mamoul kuupäevadega 237
94. Baklava 240
95. Mafroukeh (Semoliina ja mandli magustoit) 242
96. Punase pipra ja küpsetatud munagaletid 244

97. Ürdipirukas 247
98. Burekas 250
99. Ghraybeh 253
100. Mutabbaq 255

KOKKUVÕTE 258

SISSEJUHATUS

Ahlaan wa sahlaan! Tere tulemast "Olulise Liibanoni kokaraamatusse", mis on teie võti Liibanoni toiduvalmistamise kunsti valdamiseks 100 olulise retseptiga. See kokaraamat tähistab Liibanoni rikkalikku kulinaarset pärandit, juhatades teid läbi erksate maitsete, aromaatsete vürtside ja ajastutruu tehnikate, mis iseloomustavad Liibanoni kööki. Liituge meiega kulinaarsel teekonnal, mis toob teie kööki Liibanoni olemuse.

Kujutlege lauda, mida kaunistavad mezze-määrded, lõhnavad riisiroad ja maitsvad magustoidud – kõik on inspireeritud Liibanoni mitmekesistest maastikest ja kultuurimõjudest. " OLULINE LIIBANI KOKARAAMAT" ei ole ainult retseptide kogum; see on koostisosade, traditsioonide ja lugude uurimine, mis teevad Liibanoni köögist maitsevaiba. Ükskõik, kas teil on Liibanoni juured või lihtsalt hindate Lähis-Ida julgeid ja aromaatseid maitseid, need retseptid on loodud selleks, et juhendada teid Liibanoni toiduvalmistamise keerukusest.

Alates klassikalistest mezzedest, nagu hummus ja tabbouleh, kuni tunnusroogadeni nagu kibbeh ja shawarma – iga retsept tähistab Liibanoni roogasid iseloomustavat värskust, julgust ja külalislahkust. Olenemata sellest, kas korraldate pidulikku koosviibimist või naudite hubast peresööki, on see kokaraamat teie jaoks parim ressurss Liibanoni autentse maitse toomiseks teie lauale.

Liituge meiega, kui reisime läbi Beiruti kulinaarsete maastike Byblosesse, kus iga looming annab tunnistust elavatest ja mitmekesistest maitsetest, mis muudavad Liibanoni toiduvalmistamise hinnaliseks kulinaarseks traditsiooniks. Niisiis, pange põll selga, võtke omaks Liibanoni külalislahkuse vaim ja asume maitsvale teekonnale läbi "Olulise Liibanoni kokaraamatu".

HOMMIKUSÖÖK

1. Manakish (Liibanoni lehtleib Za'atariga)

KOOSTISOSAD:
- 2 1/2 tassi universaalset jahu
- 1 spl suhkrut
- 1 spl aktiivset kuivpärmi
- 1 tass sooja vett
- 1/4 tassi oliiviõli
- 2 spl za'atari vürtsisegu

JUHISED:
a) Lahusta suhkur soojas vees ja puista peale pärm. Laske sellel seista 5-10 minutit, kuni see muutub vahuseks.
b) Sega suures kausis jahu ja oliiviõli, seejärel lisa pärmisegu. Sõtku, kuni saad ühtlase taigna. Kata ja lase tund aega kerkida.
c) Kuumuta ahi temperatuurini 475 °F (245 °C).
d) Jaga tainas pallideks ja rulli need lahti. Määri peale za'atar ja küpseta kuldpruuniks.

2.Foul Moudammas (Fava ubade hommikusöök)

KOOSTISOSAD:

- 2 purki fava ube, nõrutatud ja loputatud
- 3 küüslauguküünt, hakitud
- 1/4 tassi oliiviõli
- 1 tl köömneid
- Sool ja pipar maitse järgi
- Värske sidrunimahl

JUHISED:

a) Pruunista pannil oliiviõlis küüslauk kuldseks.
b) Lisa fava oad, köömned, sool ja pipar. Küpseta 5-7 minutit.
c) Püreesta osa ubadest kahvliga. Enne serveerimist pigista peale värsket sidrunimahla.

3.Labneh oliiviõli ja ürtidega

KOOSTISOSAD:

- 2 tassi labneh (kurnatud jogurt)
- 2 spl oliiviõli
- Värsked ürdid (piparmünt, petersell), hakitud
- Soola maitse järgi

JUHISED:

a) Asetage labneh taldrikule, luues keskele süvend.
b) Nirista labnehile oliiviõli.
c) Puista peale värskeid ürte ja soola. Serveeri pita leivaga.

4.Balila (kikerherne hommikusöögikauss)

KOOSTISOSAD:

2 tassi keedetud kikerherneid
2 küüslauguküünt, hakitud
1/4 tassi oliiviõli
1 tl köömneid
Sool ja pipar maitse järgi
Kaunistuseks tükeldatud tomatid ja petersell

JUHISED:

Pruunista pannil oliiviõlis küüslauku, kuni see lõhnab.
Lisa keedetud kikerherned, köömned, sool ja pipar. Küpseta 8-10 minutit.
Serveeri kaussides, kaunista hakitud tomatite ja peterselliga.

5.Kaak (Liibanoni seesami leivarõngad)

KOOSTISOSAD:

4 tassi universaalset jahu
1 spl suhkrut
1 spl aktiivset kuivpärmi
1 1/2 tassi sooja vett
1/4 tassi oliiviõli
Seesamiseemned katmiseks

JUHISED:

Lahusta suhkur soojas vees ja puista peale pärm. Laske sellel seista 5-10 minutit, kuni see muutub vahuseks.
Sega suures kausis jahu ja oliiviõli, seejärel lisa pärmisegu. Sõtku, kuni saad ühtlase taigna. Kata ja lase tund aega kerkida.
Kuumuta ahi temperatuurini 375 ° F (190 ° C).
Vormige tainast rõngad, katke seesamiseemnetega ja küpsetage kuldpruuniks.

6.Zaatar Manakeesh

KOOSTISOSAD:
Taigna jaoks:

2 1/4 teelusikatäit (1 pakk) aktiivset kuivpärmi
1 tass sooja vett
2 1/2 tassi universaalset jahu
1 tl suhkrut
1 tl soola
2 spl oliiviõli
Za'atari toppingu jaoks:

1/4 tassi za'atari vürtsisegu
3 supilusikatäit oliiviõli

JUHISED:
Lahustage suhkur kausis soojas vees. Puista pärm vee peale ja lase seista umbes 5 minutit, kuni see muutub vahuseks.
Sega suures segamiskausis jahu ja sool. Tee keskele süvend ning vala sisse pärmisegu ja oliiviõli.
Sega kuni moodustub tainas. Sõtku tainast jahusel pinnal umbes 5-7 minutit, kuni see muutub ühtlaseks ja elastseks.
Tõsta tainas võiga määritud kaussi, kata niiske lapiga ja lase soojas kohas kerkida umbes 1 tund või kuni see kahekordistub.
Kuumuta ahi temperatuurini 475 °F (245 °C). Kui teil on pitsakivi, asetage see ahju kuumenema.
Segage väikeses kausis za'atari vürtsisegu oliiviõliga, et saada määritav segu.
Punnige kerkinud tainas alla ja jagage see väiksemateks osadeks. Rullige iga osa palliks.
Rulli jahusel pinnal iga pall lamedaks ümaraks (läbimõõduga umbes 8 tolli).
Aseta lahtirullitud tainas küpsetuspaberiga kaetud ahjuplaadile või otse pitsakivile.
Määri iga tainaringi pinnale ohtralt za'atari ja oliiviõli segu, jättes servade ümber väikese äärise.
Küpseta eelkuumutatud ahjus umbes 10-12 minutit või kuni servad on kuldpruunid.

Eemaldage ahjust ja laske Zaatar Manakeeshil paar minutit jahtuda.
Soovi korral võite enne serveerimist üle niristada ekstra oliiviõli.
Mõned variandid hõlmavad tükeldatud tomatite, oliivide või juustu lisamist enne küpsetamist.
Nautige omatehtud Zaatar Manakeeshi maitsva suupiste või kerge einena!

7. Jebneh w'Jambon (Liibanoni juustu ja singi omlett)

KOOSTISOSAD:

4 muna, lahtiklopitud
1/2 tassi fetajuustu, purustatud
1/4 tassi keedetud sinki, tükeldatud
2 spl oliiviõli
Sool ja pipar maitse järgi
Kaunistuseks hakitud roheline sibul
JUHISED:

Kuumuta pannil keskmisel kuumusel oliiviõli.
Sega lahtiklopitud munad fetajuustu, singi, soola ja pipraga.
Vala segu pannile ja küpseta, kuni servad on hangunud. Pöörake ja küpseta, kuni see on täielikult hangunud.
Enne serveerimist kaunista hakitud rohelise sibulaga.

8.Akkawi juustu ja mee võileib

KOOSTISOSAD:

Akkawi juust, viilutatud
Araabia leib või pita
Kallis
Kreeka pähklid, hakitud (valikuline)
JUHISED:

Aseta Akkawi juustuviilud araabia leiva või pita kihtide vahele.
Rösti võileiba, kuni juust sulab.
Nirista mett sulajuustu peale.
Soovi korral puista peale hakitud kreeka pähkleid, et lisada krõmpsu.

9.Shakshuka

KOOSTISOSAD:

- 2 spl oliiviõli
- 1 sibul, peeneks hakitud
- 2 paprikat, tükeldatud
- 3 küüslauguküünt, hakitud
- 1 purk (28 untsi) purustatud tomateid
- 1 tl jahvatatud köömneid
- 1 tl jahvatatud paprikat
- Sool ja pipar maitse järgi
- 4-6 muna
- Kaunistuseks värske petersell

JUHISED:

a) Kuumuta suurel pannil keskmisel kuumusel oliiviõli.
b) Prae sibul ja paprika pehmeks.
c) Lisa hakitud küüslauk ja küpseta veel minut.
d) Vala hulka purustatud tomatid ja maitsesta köömnete, paprika, soola ja pipraga. Hauta umbes 10-15 minutit, kuni kaste pakseneb.
e) Tee kastmesse väikesed süvendid ja löö neisse munad.
f) Katke pann kaanega ja küpseta, kuni munad on teie maitse järgi pošeeritud.
g) Kaunista värske peterselliga ja serveeri leivaga.

10.Labneh ja Za'atari röstsai

KOOSTISOSAD:
- Labneh (kurnatud jogurt)
- Za'atar vürtsisegu
- Oliiviõli
- Pita leib või koorikleib

JUHISED:
a) Määri ohtralt labneh'd röstitud pitaleivale või oma lemmikkooreleivale.
b) Puista peale za'atari vürtsisegu.
c) Nirista peale oliiviõli.
d) Serveeri lahtise võileivana või lõika väiksemateks tükkideks.

SUUPÄID JA SUUPÖÖD

11. Falafel

KOOSTISOSAD:
1 tass kuivatatud kikerherneid, leotatud üleöö
1/2 sibulat, hakitud
2 küüslauguküünt, hakitud
1/4 tassi värsket peterselli, hakitud
1 tl jahvatatud köömneid
1 tl jahvatatud koriandrit
1/2 tl söögisoodat
Sool ja pipar, maitse järgi
Taimeõli (praadimiseks)

JUHISED:
Nõruta leotatud kikerherned ja pane köögikombaini.
Lisa sibul, küüslauk, petersell, köömned, koriander, sooda, sool ja pipar.
Töötle, kuni segu on jäme, kuid hästi segunenud.
Vormi väikesed pätsikesed ja prae kuumas õlis kuldpruuniks.
Nõruta paberrätikutel ja serveeri tahinikastmega.

12. Lähis-Ida Kibbeh

KOOSTISOSAD:

- 2/3 tassi keskmiselt jämedat bulgurit
- 1 tass värskeid piparmündi lehti
- 1 suur sibul, hakitud
- 1 tl jahvatatud köömneid
- 1 tl jahvatatud piment
- 1 tl soola
- 1/2 tl jahvatatud musta pipart
- 1 1/2 naela lahja jahvatatud lambaliha
- 3 supilusikatäit oliiviõli

JUHISED:

a) Asetage bulgur mikrolaineahjus kasutatavasse kaussi ja katke veega kuni bulguri tipuni.
b) Mikrolaineahjus kõrgel temperatuuril 1–2 minutit, kuni bulgur on paisunud ja vesi imendunud.
c) Sega korraks ja lase seista, kuni see jahtub.
d) Aseta piparmündilehed köögikombaini kaussi.
e) Lisa järk-järgult läbi toitetoru hakitud sibul, töödeldes, kuni nii piparmünt kui ka sibul on peeneks hakitud.
f) Sega piparmündi-sibulasegu jahtunud bulguri hulka.
g) Lisa jahvatatud köömned, vürts, sool ja pipar. Sega hästi.
h) Kombineeri bulgurisegu jahvatatud lambalihaga, tagades põhjaliku segunemise.
i) Vormi lambalihasegust niiskete kätega väikesed peopesa suurused pätsikesed.
j) Kuumuta oliiviõli pannil keskmisel kuumusel.
k) Lisa kibbeh pätsikesed ja küpseta, kuni väljast on kuldpruun ja keskosa on läbi küpsenud, keerake üks kord. See peaks võtma mõlemal küljel umbes 6 minutit.
l) Traditsioonilise Lähis-Ida maitse saamiseks serveerige kibbeh-patte koos tahini, seesamiseemnepastaga.

13.Viinamarja lehed Aleppo

KOOSTISOSAD:
- 1 tass keetmata valget riisi
- 2 naela jahvatatud lambaliha
- 1 spl jahvatatud piment
- 1 tl soola
- 1 tl jahvatatud musta pipart
- 2 (16 untsi) purki viinamarjalehti, nõrutatud ja loputatud
- 6 küüslauguküünt, viilutatud
- 1 tass sidrunimahla
- 2 kalamata oliivi (valikuline)

JUHISED:
a) Leota riis külmas vees ja nõruta.
b) Sega suures kausis jahvatatud lambaliha, leotatud ja nõrutatud riis, piment, sool ja must pipar. Segage, kuni see on hästi segunenud.
c) Võtke viinamarjaleht ja asetage iga lehe keskele umbes 1 supilusikatäis lihasegu.
d) Murra leht üks kord ümber, keera mõlemalt poolt servad sisse ja keera leht siis kinni.
e) Lao rulli keeratud viinamarjalehed suurde potti.
f) Aseta iga kihi vahele küüslauguviilud.
g) Lisa just nii palju vett, et rullid oleksid kaetud.
h) Vala potis olevatele viinamarjalehtedele sidrunimahl.
i) Soovi korral lisage potti kalamata oliivid, et saada maitset.
j) Asetage taldrik viinamarjaleherullide peale, et need jääksid vee alla.
k) Aja pott keema, seejärel alanda kuumust madalale.
l) Kata kaanega ja hauta 1 tund ja 15 minutit.
m) Maitske riisi valmimise jaoks. Viinamarja lehed võivad maitse parandamiseks istuda mitu tundi.
n) Serveerige Aleppos viinamarjalehti ja nautige Süüriast Aleppost edasi antud maitsvaid maitseid.

14.Täidisega sibul

KOOSTISOSAD:
- 4 suurt sibulat (2 naela / 900 g kokku, kooritud kaal) umbes 1⅔ tassi / 400 ml köögiviljapuljongit
- 1½ spl granaatõuna melassi
- soola ja värskelt jahvatatud musta pipart
- TÄIDIS
- 1½ spl oliiviõli
- 1 tass / 150 g peeneks hakitud šalottsibulat
- ½ tassi / 100 g lühiteralist riisi
- ¼ tassi / 35 g seedermänni pähkleid, purustatud
- 2 spl hakitud värsket piparmünt
- 2 spl hakitud lamedate lehtedega peterselli
- 2 tl kuivatatud piparmünt
- 1 tl jahvatatud köömneid
- ⅛ tl jahvatatud nelki
- ¼ tl jahvatatud piment
- ¾ tl soola
- ½ tl värskelt jahvatatud musta pipart
- 4 sidruni viilu (valikuline)

JUHISED:
a) Koorige ja lõigake umbes 0,5 cm (0,5 cm) sibulate ülaosast ja sabadest maha, asetage tükeldatud sibulad rohke veega suurde kastrulisse, laske keema tõusta ja küpseta 15 minutit. Nõruta ja tõsta kõrvale jahtuma.
b) Täidise valmistamiseks kuumuta oliiviõli keskmisel pannil keskmisel kõrgel kuumusel ja lisa šalottsibul. Prae sageli segades 8 minutit, seejärel lisa kõik ülejäänud koostisosad, välja arvatud sidruniviilud. Keera kuumus madalaks ja jätka küpsetamist ning sega 10 minutit.
c) Tehke väikese noaga pikk sisselõige sibula ülaosast allapoole, ulatudes kuni selle keskpunktini, nii et igast sibulakihist jookseks läbi ainult üks pilu. Alustage sibulakihtide õrnalt üksteise järel eraldamist, kuni jõuate südamikuni. Ärge muretsege, kui mõni kiht koorimisest veidi läbi rebeneb; saate neid ikka kasutada.
d) Hoidke sibulakihti ühes tassis käes ja lusikaga umbes 1 supilusikatäis riisisegu poolele sibulale, asetades täidise ava

ühte otsa. Ärge kiusake seda rohkem täitma, sest see peab olema kenasti ja mugavalt sisse pakendatud. Voldi sibula tühi pool täidisega külje peale ja rulli see tihedalt kokku, nii et riis oleks kaetud mõne sibulakihiga, mille keskel pole õhku. Aseta keskmisele pannile, mille jaoks sul on kaas, õmblus pool all ja jätka ülejäänud sibula ja riisiseguga. Laota sibulad pannile kõrvuti, nii et ei jääks ruumi liikuda. Täitke kõik tühikud sibula osadega, mis pole täidisega. Lisa nii palju puljongit, et sibulad oleksid kolmveerandi ulatuses kaetud koos granaatõunamelassiga, ja maitsesta ¼ teelusikatäie soolaga.

e) Kata pann kaanega ja hauta madalaimal võimalikul kuumusel 1½ kuni 2 tundi, kuni vedelik on aurustunud. Serveeri soojalt või toatemperatuuril, soovi korral sidruniviiludega.

15. Hummus männipähklite ja oliiviõliga

KOOSTISOSAD:
- 1 purk (15 untsi) kikerherneid, nõrutatud ja loputatud
- 1/4 tassi tahini
- 1/4 tassi oliiviõli
- 2 küüslauguküünt, hakitud
- 1 sidruni mahl
- Soola maitse järgi
- Kaunistuseks piiniapähklid ja ekstra oliiviõli

JUHISED:
a) Sega köögikombainis omavahel kikerherned, tahini, oliiviõli, küüslauk, sidrunimahl ja sool.
b) Blenderda ühtlaseks.
c) Tõsta serveerimisnõusse, nirista peale ekstra oliiviõli ja puista üle piiniaseemnetega.

16.Täidetud Romano paprika

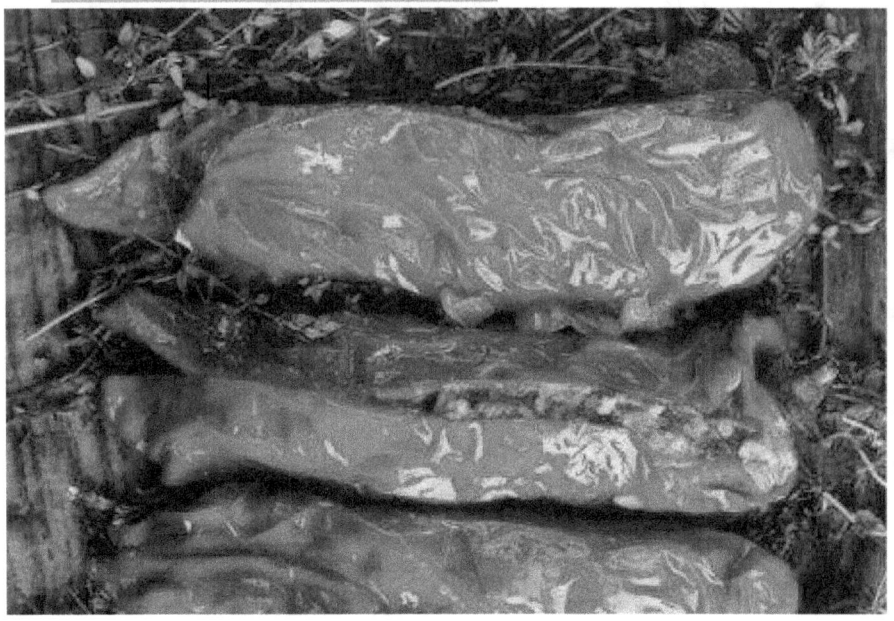

KOOSTISOSAD:

- 8 keskmist Romano või muud paprikat
- 1 suur tomat, jämedalt hakitud (1 tass / 170 g kokku)
- 2 keskmist sibulat, jämedalt hakitud (1⅔ tassi / kokku 250 g)
- umbes 2 tassi / 500 ml köögiviljapuljongit
- TÄIDIS
- ¾ tassi / 140 g basmati riisi
- 1½ spl baharati vürtsisegu (poest ostetud või vaata retsepti)
- ½ tl jahvatatud kardemoni
- 2 spl oliiviõli
- 1 suur sibul, peeneks hakitud (1⅓ tassi / 200 g kokku)
- 14 untsi / 400 g jahvatatud lambaliha
- 2½ spl hakitud lamedate lehtedega peterselli
- 2 spl hakitud tilli
- 1½ spl kuivatatud piparmünt
- 1½ tl suhkrut
- soola ja värskelt jahvatatud musta pipart

JUHISED:

a) Alusta täidisega. Aseta riis kastrulisse ja kata kergelt soolaga maitsestatud veega. Lase keema tõusta ja seejärel keeda 4 minutit. Nõruta, värskenda külma vee all ja tõsta kõrvale.
b) Prae vürtsid pannil kuivaks. Lisa oliiviõli ja sibul ning prae sageli segades umbes 7 minutit, kuni sibul on pehme. Valage see koos riisi, liha, ürtide, suhkru ja 1 tl soolaga suurde segamisnõusse. Kasutage oma käsi, et kõik hästi kokku segada.
c) Alustades varre otsast, lõigake väikese noaga pikisuunas kolmveerand iga paprika pikkusest alla, ilma varre eemaldamata, luues pika ava. Ilma paprikat liiga palju avamata, eemaldage seemned ja seejärel täitke iga pipar võrdse koguse seguga.
d) Aseta tükeldatud tomat ja sibul väga suurele praepannile, mille jaoks sul on tihedalt suletav kaas. Asetage paprikad peale, tihedalt üksteise külge ja valage nii palju puljongit, et see ulatuks paprika külgedelt 1 cm kõrgusele. Maitsesta ½ tl soola ja vähese musta pipraga. Kata pann kaanega ja hauta madalaimal võimalikul kuumusel tund aega. On oluline, et täidis oleks lihtsalt aurutatud, nii et kaas peab tihedalt sobima; veenduge, et panni põhjas oleks alati natuke vedelikku. Serveeri paprikat soojalt, mitte kuumalt või toatemperatuuril.

17. Täidetud baklažaan lambaliha ja seedermännipähklitega

KOOSTISOSAD:
- 4 keskmist baklažaani (umbes 2½ naela / 1,2 kg), pikuti poolitatud
- 6 spl / 90 ml oliiviõli
- 1½ tl jahvatatud köömneid
- 1½ sl magusat paprikat
- 1 spl jahvatatud kaneeli
- 2 keskmist sibulat (kokku 12 untsi / 340 g), peeneks hakitud
- 1 nael / 500 g jahvatatud lambaliha
- 7 spl / 50 g piiniaseemneid
- ⅔ untsi / 20 g lamedate lehtedega peterselli, hakitud
- 2 tl tomatipastat
- 3 tl ülipeent suhkrut
- ⅔ tassi / 150 ml vett
- 1½ spl värskelt pressitud sidrunimahla
- 1 tl tamarindipastat
- 4 kaneelipulka
- soola ja värskelt jahvatatud musta pipart

JUHISED:
a) Kuumuta ahi temperatuurini 425 °F / 220 °C.
b) Asetage poolikud baklažaani, nahk allpool, röstimispannile, mis on piisavalt suur, et need mugavalt mahuks. Pintselda viljaliha 4 spl oliiviõliga ning maitsesta 1 tl soola ja rohke musta pipraga. Rösti umbes 20 minutit, kuni see on kuldpruun. Võta ahjust välja ja lase veidi jahtuda.
c) Baklažaanide küpsemise ajal võite alustada täidise valmistamist, kuumutades suurel pannil ülejäänud 2 spl oliiviõli. Sega kokku köömned, paprika ja jahvatatud kaneel ning lisa pannile pool sellest vürtsisegust koos sibulaga. Enne lambaliha, piiniapähklite, peterselli, tomatipasta, 1 tl suhkrut, 1 tl soola ja musta pipra lisamist küpseta keskmisel-kõrgel kuumusel umbes 8 minutit, sageli segades. Jätkake küpsetamist ja segage veel 8 minutit, kuni liha on küps.
d) Asetage ülejäänud vürtsisegu kaussi ja lisage vesi, sidrunimahl, tamarind, ülejäänud 2 tl suhkrut, kaneelipulgad ja ½ tl soola; sega hästi.
e) Alandage ahju temperatuuri 375 °F / 195 °C-ni. Vala vürtsisegu baklažaani röstimispanni põhja. Tõsta iga baklažaani peale lusikaga lambasegu. Kata pann tihedalt alumiiniumfooliumiga, pane tagasi ahju ja rösti 1½ tundi, selleks ajaks peaksid baklažaanid olema täiesti pehmed ja kaste paks; Küpsetamise ajal eemaldage foolium kaks korda ja määrige baklažaanid kastmega, lisades vett, kui kaste kuivab. Serveeri soojalt, mitte kuumalt või toatemperatuuril.

18.Täidisega kartul

KUNI 6

KOOSTISOSAD:
- 1 nael / 500 g veisehakkliha
- umbes 2 tassi / 200 g saiapuru
- 1 keskmine sibul, peeneks hakitud (¾ tassi / kokku 120 g)
- 2 küüslauguküünt, purustatud
- ⅔ untsi / 20 g lamedate lehtedega peterselli, peeneks hakitud
- 2 spl tüümiani lehti, tükeldatud
- 1½ tl jahvatatud kaneeli
- 2 suurt vabapidamisel pekstud muna
- 3¼ naela / 1,5 kg keskmist Yukon Gold kartulit, umbes 3¾ x 2¼ tolli / 9 x 6 cm, kooritud ja pikuti poolitatud
- 2 spl hakitud koriandrit
- soola ja värskelt jahvatatud musta pipart

TOMATI KASTE
- 2 spl oliiviõli
- 5 küüslauguküünt, purustatud
- 1 keskmine sibul, peeneks hakitud (¾ tassi / kokku 120 g)
- 1½ sellerivart, peeneks hakitud (⅔ tassi / kokku 80 g)
- 1 väike porgand, kooritud ja peeneks hakitud (½ tassi / kokku 70 g)
- 1 punane tšilli, peeneks hakitud
- 1½ tl jahvatatud köömneid
- 1 tl jahvatatud piment
- näputäis suitsupaprikat
- 1½ tl magusat paprikat
- 1 tl köömneid, purustatud uhmris ja nuia või vürtsiveskiga
- üks 28 untsi / 800 g purk tükeldatud tomatit
- 1 spl tamarindipastat
- 1½ tl ülipeent suhkrut

JUHISED:
a) Alusta tomatikastmega. Kuumuta oliiviõli kõige laiemal praepannil; selle jaoks läheb vaja ka kaant. Lisa küüslauk, sibul, seller, porgand ja tšilli ning prae madalal kuumusel 10 minutit, kuni köögiviljad on pehmed. Lisage vürtsid, segage hästi ja küpseta 2–3 minutit. Valage sisse tükeldatud tomatid, tamarind, suhkur, ½ tl soola ja veidi musta pipart ning laske keema tõusta. Tõsta tulelt.

b) Täidisega kartulite valmistamiseks pane veiseliha, riivsai, sibul, küüslauk, petersell, tüümian, kaneel, 1 tl soola, veidi musta pipart ja munad segamisnõusse. Kasutage oma käsi, et kõik koostisosad hästi kokku segada.

c) Õõnestage iga kartulipool melonipalli või teelusikaga, luues koore paksusega ⅔ tolli / 1,5 cm. Toppige lihasegu igasse õõnsusse, surudes seda kätega otse alla, nii et see täidaks kartuli täielikult. Suruge kõik kartulid ettevaatlikult tomatikastmesse nii, et need asetseksid lähestikku ja lihatäidis jääks ülespoole. Lisa umbes 1¼ tassi / 300 ml vett või täpselt nii palju, et pätsikesed kataks peaaegu kastmega, lase kergelt podiseda, kata pann kaanega ja lase aeglaselt küpseda vähemalt 1 tund või isegi kauem, kuni kaste on küpsenud. on paks ja kartul on väga pehme. Kui kaste pole piisavalt paksenenud, eemaldage kaas ja vähendage 5–10 minutit. Serveeri kuumalt või soojalt, kaunistatud koriandriga.

19. Baba Ghanoush

KOOSTISOSAD:
- 4 suurt itaalia baklažaani
- 2 purustatud küüslauguküünt
- 2 tl koššersoola või maitse järgi
- 1 sidrun, mahla või rohkem maitse järgi
- 3 supilusikatäit tahini või rohkem maitse järgi
- 3 supilusikatäit ekstra neitsioliiviõli
- 2 spl tavalist kreeka jogurtit
- 1 näputäis cayenne'i pipart või maitse järgi
- 1 leht värsket piparmünt, hakitud (valikuline)
- 2 spl hakitud värsket Itaalia peterselli

JUHISED:
a) Eelsoojendage väligrill keskmise-kõrge kuumuse jaoks ja õlitage rest kergelt.
b) Torgake noaotsaga mitu korda baklažaani naha pinda.
c) Asetage baklažaanid otse grillile. Naha söestumise ajal pöörake sageli tangidega.
d) Küpseta, kuni baklažaanid on kokku vajunud ja väga pehmed, umbes 25–30 minutit.
e) Tõsta kaussi, kata tihedalt alumiiniumfooliumiga ja lase umbes 15 minutit jahtuda.
f) Kui baklažaanid on käsitsemiseks piisavalt jahedad, jagage need pooleks ja kraapige viljaliha kausi kohale asetatud kurn.
g) Nõruta 5 või 10 minutit.
h) Tõsta baklažaan segamisnõusse ning lisa purustatud küüslauk ja sool.
i) Püreesta kreemjaks, kuid vähese tekstuuriga, umbes 5 minutit.
j) Klopi sisse sidrunimahl, tahini, oliiviõli ja Cayenne'i pipar.
k) Sega juurde jogurt.
l) Katke kauss kilega ja jahutage, kuni see on täielikult jahtunud, umbes 3 või 4 tundi.
m) Maitsesta maitseainete reguleerimiseks.
n) Enne serveerimist sega hulka hakitud piparmünt ja hakitud petersell.

20.Labneh (jogurtijuustumääre)

KOOSTISOSAD:
- 2 tassi tavalist jogurtit
- 1/2 teelusikatäit soola
- Oliiviõli niristamiseks
- Värsked ürdid (nt piparmünt või tüümian), hakitud

JUHISED:
a) Sega jogurt soolaga ja aseta marliga vooderdatud sõelale kausi kohale.
b) Laske jogurtil külmkapis nõrguda vähemalt 24 tundi või kuni see saavutab paksu toorjuustulaadse konsistentsi.
c) Tõsta labneh serveerimistaldrikule, nirista peale oliiviõli ja puista peale värskeid ürte.

21. Za'atar ja oliiviõli kaste

KOOSTISOSAD:
- 3 spl za'atari vürtsisegu
- 1/4 tassi oliiviõli
- Serveerimiseks pita leib

JUHISED:
a) Segage väikeses kausis paksu pasta saamiseks za'atar oliiviõliga.
b) Serveeri dipikastmena värske või röstitud pitaleivaga.

22.Laban Bi Khiar (jogurti- ja kurgikaste)

KOOSTISOSAD:
- 1 tass kreeka jogurtit
- 1 kurk, peeneks viilutatud
- 2 küüslauguküünt, hakitud
- 2 spl värsket piparmünti, hakitud
- Sool ja pipar maitse järgi
- Oliiviõli niristamiseks

JUHISED:
a) Sega kausis kreeka jogurt, tükeldatud kurk, hakitud küüslauk ja hakitud piparmünt.
b) Maitsesta soola ja pipraga.
c) Enne serveerimist nirista peale oliiviõli.

23. Sambousek (Liibanoni lihapirukad)

KOOSTISOSAD:
1 nael jahvatatud lamba- või veiseliha
1 sibul, peeneks hakitud
1/4 tassi piinia pähkleid
2 spl oliiviõli
1 tl jahvatatud piment
Sool ja pipar, maitse järgi
1 pakk filotainast
Sulatatud või pintseldamiseks

JUHISED:
Prae pannil sibul oliiviõlis läbipaistvaks. Lisa jahvatatud liha ja küpseta pruuniks.
Sega juurde piiniapähklid, piment, sool ja pipar. Lase segul jahtuda.
Kuumuta ahi temperatuurini 350 °F (180 °C).
Lõika filotainas ruutudeks, tõsta igale ruudule lusikaga lihasegu ja voldi kolmnurgaks.
Aseta küpsetusplaadile, pintselda sulavõiga ja küpseta kuldpruuniks.

24.Liibanoni juustu Fatayer

KOOSTISOSAD:
2 tassi fetajuustu, purustatud
1 tass ricotta juustu
1 muna
1/4 tassi hakitud värsket piparmünt
1/4 tassi hakitud värsket peterselli
1 pakk pitsatainast või omatehtud tainast

JUHISED:
Kuumuta ahi temperatuurini 375 °F (190 °C).
Sega kausis kokku murendatud fetajuust, ricotta juust, muna, hakitud piparmünt ja hakitud petersell. Sega hästi, kuni kõik koostisosad on põhjalikult segunenud.
Rulli pitsa tainas kergelt jahusel pinnal lahti. Lõika taignast ümmarguse lõikuri või klaasi abil välja umbes 10 cm (4 tolli) läbimõõduga ringid.
Aseta iga taignaringi keskele lusikatäis juustusegu.
Murra taigna servad täidise peale, moodustades kolmnurga või paadi kuju. Taigna tihendamiseks pigista servad kokku.
Tõsta täidetud tainas küpsetuspaberiga kaetud ahjuplaadile.
Korrake protsessi, kuni kõik taignaringid on täidetud.
Küpseta eelsoojendatud ahjus 15-20 minutit või kuni fatayer on kuldpruun.
Eemaldage ahjust ja laske neil enne serveerimist paar minutit jahtuda.
Soovi korral võite fatayeri pealse pintseldada vähese oliiviõliga, et lisada läike.

25.Liibanoni Sumac Kebab

KOOSTISOSAD:
1 nael (450 g) lahja veise- või lambaliha
1 suur sibul, peeneks riivitud
2 spl oliiviõli
2 spl jahvatatud sumakit
1 tl jahvatatud köömneid
1 tl jahvatatud koriandrit
1 tl jahvatatud paprikat
1 tl soola
1/2 tl musta pipart
2 küüslauguküünt, hakitud
1/4 tassi hakitud värsket peterselli
Vardad, vees leotatud, kui puidust

JUHISED:
Sega suures segamiskausis hakkliha, riivitud sibul, oliiviõli, jahvatatud sumak, köömned, koriander, paprika, sool, must pipar, hakitud küüslauk ja hakitud petersell.
Segage koostisained hoolikalt, kuni need on hästi segunenud.
Sageli on kasulik kasutada selle sammu jaoks oma käsi.
Kata kauss kilega ja lase segul vähemalt 1 tund külmkapis marineerida, lastes maitsetel sulada.
Eelkuumuta oma grill või grillpann keskmisele-kõrgele kuumusele.
Võtke peotäis lihasegu ja vormige see varrastele, moodustades piklikud kebabid.
Grilli kebabe umbes 10-15 minutit, aeg-ajalt keerates, kuni need on küpsed ja on pealt mõnusalt söestunud.
Serveeri sumaki kebabi oma lemmikkülgedega, nagu pita leib, hummus või värske salat.
Soovi korral pigista kebabidele enne serveerimist veidi sidrunimahla, et saada lisamaitset.

26.Vürts lambaliha ja ürt Kofta

KOOSTISOSAD:
1 nael (450 g) jahvatatud lambaliha
1 väike sibul, peeneks riivitud
2 küüslauguküünt, hakitud
1/4 tassi värsket piparmünti, peeneks hakitud
1/4 tassi värsket peterselli, peeneks hakitud
1 tl jahvatatud köömneid
1 tl jahvatatud koriandrit
1/2 tl jahvatatud kaneeli
1/2 tl jahvatatud paprikat
Sool ja must pipar, maitse järgi
Oliiviõli (grillimiseks)
Vardad, vees leotatud, kui puidust

JUHISED:
Sega suures segamiskausis jahvatatud lambaliha, riivitud sibul, hakitud küüslauk, hakitud piparmünt, hakitud petersell, köömned, koriander, kaneel, paprika, sool ja must pipar.
Segage koostisained hoolikalt, kuni need on hästi segunenud.
Kata kauss kilega ja lase segul vähemalt 30 minutit külmkapis jahtuda, et maitsed sulaksid.
Eelkuumuta oma grill või grillpann keskmisele-kõrgele kuumusele.
Võtke osa lambalihasegust ja vormige see varrastele, moodustades piklikud kofta kujundid.
Pintselda koftat vähese oliiviõliga, et vältida grilli külge kleepumist.
Grillige koftasid umbes 10-15 minutit, aeg-ajalt keerates, kuni need on küpsed ja on väljast mõnusalt söestunud.
Serveeri vürtsikas lambaliha ja ürdi kofta koos oma lemmiklisanditega, nagu riis, lehtleib või jogurtipõhine kaste.
Värskuse huvides kaunista enne serveerimist veel hakitud piparmündi ja peterselliga.
Nautige seda maitsvat lambaliha ja ürdi koftat maitsva pearoa või eelroana!

27.Liibanoni pitakrõpsud

KOOSTISOSAD:
4-6 täistera nisu või valge pita leiba
Oliiviõli
Sool, maitse järgi
Valikuline: küüslaugupulber, paprika, köömned või teie lemmikmaitseainesegu

JUHISED:
Kuumuta ahi temperatuurini 375 ° F (190 ° C).
Lõika iga pita leib ümmarguseks viiludeks või kolmnurkadeks.
Õhemate laastude saamiseks võite iga pita kaks kihti eraldada.
Aseta pitaviilud ühe kihina küpsetusplaadile.
Pintselda iga viilu kergelt oliiviõliga. Võite kasutada kondiitripintslit või niristada õli ja kätega ühtlaselt laiali ajada.
Puista pitaviilud soolaga. Soovi korral lisage valikulisi maitseaineid, nagu küüslaugupulber, paprika, köömned või oma lemmikmaitseainesegu.
Asetage küpsetusplaat eelsoojendatud ahju ja küpsetage umbes 10-12 minutit või kuni pita laastud on kuldpruunid ja krõbedad. Põlemise vältimiseks jälgige neid.
Lase pitakrõpsudel küpsetusplaadil mõni minut jahtuda. Jahtudes krõbeduvad need jätkuvalt.
Kui pitakrõpsud on täielikult jahtunud, viige need serveerimisnõusse või taldrikusse.
Serveeri koos oma lemmikdipikastetega, nagu hummus, tzatziki või salsa.

28.Ghraybeh (Liibanoni muredküpsised)

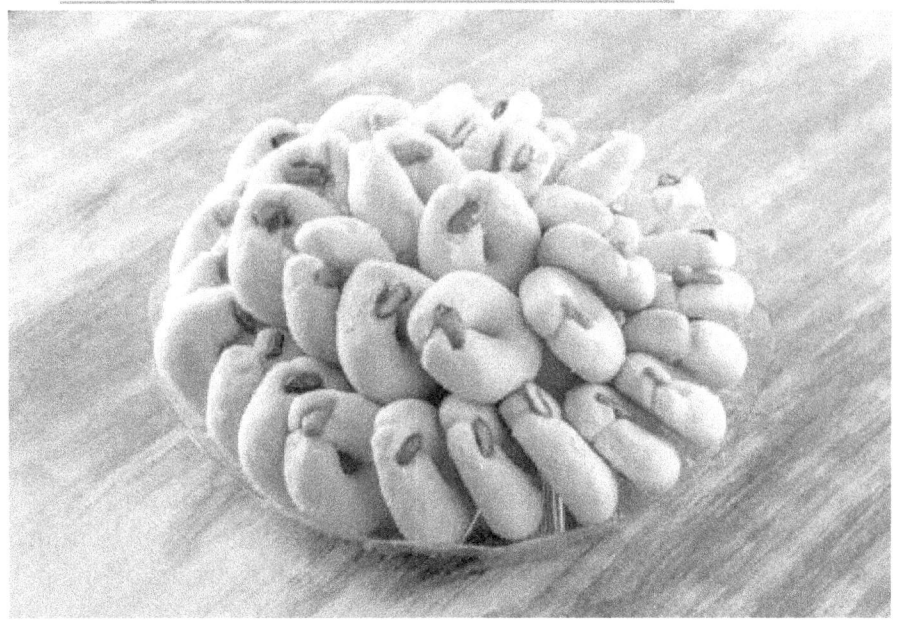

KOOSTISOSAD:
1 tass soolata võid, pehmendatud
1 tass tuhksuhkrut
2 tassi universaalset jahu
1 tass maisitärklist
1/2 tl roosivett või apelsiniõievett (valikuline)
Terved blanšeeritud mandlid või pistaatsiapähklid (kaunistuseks)

JUHISED:
Kuumuta ahi temperatuurini 300 °F (150 °C).
Vahusta suures segamiskausis pehme või ja tuhksuhkur heledaks ja kohevaks vahuks.
Kui kasutad, lisa või-suhkru segule roosivett või apelsiniõievett ja sega korralikult läbi.
Sõelu eraldi kausis kokku universaalne jahu ja maisitärklis.
Lisage sõelutud kuivained järk-järgult või-suhkru segule, pidevalt segades, kuni need on hästi segunenud. Tainas peaks olema pehme ja kergesti käsitletav.
Võtke taignast väikesed portsjonid ja vormige need väikesteks ringideks või poolkuudeks. Võite kasutada küpsisepressi või lihtsalt rullida neid käes.
Aseta iga küpsise peale terve blanšeeritud mandel või pistaatsia, vajutades seda kergelt tainasse.
Aseta vormitud küpsised küpsetuspaberiga kaetud ahjuplaadile.
Küpseta eelkuumutatud ahjus umbes 20-25 minutit või kuni servad on kergelt kuldsed. Küpsised peaksid pealt jääma kahvatud.
Laske Ghraybehil küpsetusplaadil mõni minut jahtuda, enne kui asetate need restile täielikult jahtuma.
Ghraybehi serveeritakse traditsiooniliselt araabia kohvi või teega.
Need on õrnad, võised ja mureneva tekstuuriga.

PÕHIROOG

29.Liibanoni Bamia (Okra hautis)

KOOSTISOSAD:
1 nael (450 g) värsket okrat, pestud ja kärbitud
1 nael (450 g) veisehautis, kuubikuteks
1 suur sibul, peeneks hakitud
3 küüslauguküünt, hakitud
2 tassi tomateid, tükeldatud (värsked või konserveeritud)
1/4 tassi tomatipastat
1/4 tassi oliiviõli
2 spl sidrunimahla
1 tl jahvatatud koriandrit
1 tl jahvatatud köömneid
1 tl paprikat
Sool ja must pipar, maitse järgi
4 tassi veise- või köögiviljapuljongit
Serveerimiseks keedetud riis või vormileib

JUHISED:
Kuumuta suures potis keskmisel kuumusel oliiviõli. Lisa hakitud sibul ja prae, kuni need muutuvad läbipaistvaks.
Lisa potti hakitud küüslauk ja prae veel minut aega, kuni see lõhnab.
Lisa potti tükeldatud veisehautis ja pruunista igast küljest.
Sega hulka tükeldatud tomatid, tomatipasta, jahvatatud koriander, jahvatatud köömned, paprika, sool ja must pipar. Keeda paar minutit, kuni tomatid hakkavad lagunema.
Valage veiseliha- või köögiviljapuljong ja laske segul keema tõusta. Alanda kuumust, kata pott kaanega ja lase umbes 30 minutit podiseda, et maitsed sulaksid ja liha pehmeneks.
Lisa potti pestud ja kärbitud okra. Hauta veel 15-20 minutit, kuni okra on läbi küpsenud.
Sega juurde sidrunimahl, maitsesta maitse järgi.
Serveeri Bamiat kuumalt keedetud riisi või vormileivaga.

30.Liibanoni riis vermikelliga (Roz bel Shaghriyeh)

KOOSTISOSAD:
1 tass pikateralist valget riisi
1/2 tassi vermikelli nuudleid, purustatud väikesteks tükkideks
2 spl soolata võid või oliiviõli
2 tassi kana- või köögiviljapuljongit
Sool, maitse järgi

JUHISED:
Loputage riisi külma vee all, kuni vesi muutub selgeks. See aitab eemaldada liigset tärklist ja hoiab ära riisi liiga kleepumise.
Suures kastrulis või potis sulata või (või kuumuta oliiviõli) keskmisel kuumusel.
Lisa purustatud vermišellitükid ja prae, kuni need muutuvad kuldpruuniks. Ühtlase röstimise tagamiseks segage sageli.
Kui vermišellid on kuldsed, lisa potti loputatud riis. Sega korralikult, et riis ja vermišellid kataks võiga.
Vala sisse kana- või köögiviljapuljong. Lisa maitse järgi soola.
Kuumuta segu keemiseni.
Alanda kuumust, kata pott tihedalt suletava kaanega ja hauta 15-20 minutit või kuni riis on pehme ja vedeliku endasse imanud.
Pärast valmimist eemalda pott tulelt, kuid hoia kaas peal. Laske riisil veel 10 minutit aurutada. See aitab riisil muutuda kergeks ja kohevaks.
Kasutage riisi ja vermišelli õrnalt kohevaks kahvliga.
Tõsta Liibanoni riis vermikelliga serveerimisvaagnale ja serveeri maitsva lisandina.

31. Liibanoni kana Shawarma

KOOSTISOSAD:
Marinaadi jaoks:

1,5 naela (700 g) kondita ja nahata kanakintsu
1 suur sibul, peeneks riivitud
4 küüslauguküünt, hakitud
1/4 tassi tavalist jogurtit
3 supilusikatäit oliiviõli
1 spl jahvatatud köömneid
1 spl jahvatatud koriandrit
1 tl jahvatatud paprikat
1 tl jahvatatud kurkumit
1 tl jahvatatud kaneeli
1 tl jahvatatud piment
Sool ja must pipar, maitse järgi
1 sidruni mahl
Serveerimiseks:

Pita leib või vormileivad
Tzatziki kaste või küüslaugukaste
Viilutatud tomatid
Tükeldatud kurgid
Tükeldatud salat
Hapukurgid

JUHISED:
Sega kausis riivitud sibul, hakitud küüslauk, jogurt, oliiviõli, jahvatatud köömned, jahvatatud koriander, paprika, kurkum, kaneel, piment, sool, must pipar ja sidrunimahl. Sega hästi ühtlaseks marinaadiks.
Lõika kanakintsud õhukesteks ribadeks.
Lisage kanaribad marinaadile, tagades, et iga tükk on hästi kaetud.
Kata kauss ja lase kanal vähemalt 2 tundi külmkapis marineerida või maksimaalse maitse saavutamiseks üle öö.
Kuumuta ahi temperatuurini 425 °F (220 °C).
Tõsta marineeritud kanaribad varrastele või tõsta küpsetuspaberiga kaetud ahjuplaadile.

Küpseta eelsoojendatud ahjus umbes 20-25 minutit või kuni kana on läbi küpsenud ja servadel on ilus söe.
Soojenda pita leib või vormileivad.
Määri igale saiale ohtralt tzatziki- või küüslaugukastet.
Aseta osa keedetud kanast kastme peale.
Lisa viilutatud tomatid, kurgid, salat ja hapukurk.
Keera leib ümber täidiste, moodustades wrapi või võileiva.
Serveerige Liibanoni kana Shawarma kohe.

32.Falafel Pita võileib Tahini kastmega

KOOSTISOSAD:
- 12 külmutatud falafelit
- ¼ tassi tahini
- ¼ tassi vett
- 2 spl sidrunimahla
- 2 küüslauguküünt, hakitud
- ¼ tl jahvatatud paprikat
- 6 täistera pitast
- 1 peasalat, tükeldatud
- 1 tomat, lõigatud õhukesteks viiludeks
- ½ kurki, kooritud ja viilutatud
- 1 madala naatriumisisaldusega tilli hapukurk, viilutatud
- ¼ väikest punast sibulat, õhukeselt viilutatud
- 3 tl harissat või maitse järgi (valikuline)

JUHISED:
a) Kuumuta ahi temperatuurini 450 kraadi F (230 kraadi C). Aseta falafel küpsetusplaadile.
b) Küpseta falafeli eelkuumutatud ahjus, kuni see on läbi kuumenenud, 8–10 minutit.
c) Falafeli küpsemise ajal klopi kausis kokku tahini, vesi, sidrunimahl, hakitud küüslauk ja paprika.
d) Tasku moodustamiseks lõigake iga pita ülaosast umbes 1 toll.
e) Lisage igale pitale 2 falafelit koos võrdse koguse salati, tomati, kurgi, hapukurgi ja punase sibulaga.
f) Nirista iga pita võileiba umbes 1 supilusikatäie tahini kastmega.
g) Soovi korral lisage lisalöögi saamiseks harissat, kohandades kogust maitse järgi.
h) Serveerige Falafel Pita võileibu kohe, kui need on soojad, ja nautige maitsete segu.

33. Lambatäidisega küdoonia granaatõuna ja koriandriga

KOOSTISOSAD:

- 14 untsi / 400 g jahvatatud lambaliha
- 1 küüslauguküüs, purustatud
- 1 punane tšilli, tükeldatud
- ⅔ untsi / 20 g koriandrit, hakitud, pluss 2 spl, kaunistamiseks
- ½ tassi / 50 g riivsaia
- 1 tl jahvatatud piment
- 2 spl peeneks riivitud värsket ingverit
- 2 keskmist sibulat, peeneks hakitud (1⅓ tassi / 220 g kokku)
- 1 suur vabapidamisel peetav muna
- 4 küdooniat (kokku 2¾ naela / 1,3 kg)
- ½ sidruni mahl ja 1 spl värskelt pressitud sidrunimahla
- 3 spl oliiviõli
- 8 kardemonikauna
- 2 tl granaatõuna melassi
- 2 tl suhkrut
- 2 tassi / 500 ml kanapuljongit
- ½ granaatõuna seemned
- soola ja värskelt jahvatatud musta pipart

JUHISED:
a) Asetage lambaliha segamisnõusse koos küüslaugu, tšilli, koriandri, riivsaia, pipra, poole ingveri, poole sibula, muna, ¾ tl soola ja pipraga. Sega kätega korralikult läbi ja tõsta kõrvale.
b) Koori küdooniad ja poolita pikuti. Pange need külma vee kaussi koos poole sidruni mahlaga, et need pruuniks ei muutuks. Kasutage seemnete eemaldamiseks melonipalli või väikest lusikat ja seejärel õõnestage küdooniapoolikud, nii et teile jääks 1,5-tolline kest. Jätke kühveldatud viljaliha alles. Täida lohud lambalihaseguga, surudes seda kätega alla.
c) Kuumuta oliiviõli suurel pannil, mille jaoks sul on kaas. Asetage küdoonia viljaliha köögikombaini, hakkige hästi, seejärel viige segu koos ülejäänud sibula, ingveri ja kardemonikaunadega pannile. Prae 10–12 minutit, kuni sibul on pehmenenud. Lisage melass, 1 spl sidrunimahla, suhkur, puljong, ½ tl soola ja veidi musta pipart ning segage hästi. Lisage kastmele küdooniapoolikud, lihatäidisega ülespoole, alandage kuumust vaikselt keemiseni, katke pann kaanega ja küpseta umbes 30 minutit. Lõpus peaks küdoonia olema täiesti pehme, liha hästi küpsenud ja kaste paks. Tõsta kaas ja hauta minut-paar, et kastet vajadusel vähendada.
d) Serveeri soojalt või toatemperatuuril, puista peale koriandrit ja granaatõunaseemneid.

34.Tagurpidi (Maqluba)

KOOSTISOSAD:
- 7 tassi vett
- 2 sibulat, hakitud
- 1 spl hakitud küüslauku
- 1 tl jahvatatud kaneeli
- 1 tl jahvatatud kurkumit
- 2 tl garam masala
- Sool ja jahvatatud must pipar, maitse järgi
- 2 tassi toiduõli
- 2 tassi lambaliha, lõigatud väikesteks tükkideks
- 1 suur baklažaan, lõigatud 3/4-tollisteks viiludeks
- 2 suvikõrvitsat, lõigatud 1/4-tollisteks viiludeks
- 1 tass brokkolit
- 1 tass lillkapsast
- 1 ½ tassi jasmiini riisi
- 1 (16 untsi) tavalist jogurtit

JUHISED:

a) Kuumuta suures potis vesi, hakitud sibul, hakitud küüslauk, jahvatatud kaneel, jahvatatud kurkum, garam masala, sool ja pipar keemiseni.
b) Lisa keevale segule lambaliha, alanda kuumust ja hauta 15-20 minutit.
c) Eralda lambaliha vedelikust ja tõsta kõrvale. Tõsta vedelik kaussi.
d) Kuumuta suurel sügaval pannil keskmisel kuumusel toiduõli.
e) Prae baklažaaniviilud mõlemalt poolt pruuniks, seejärel eemalda paberrätikutel nõrguma.
f) Korrake praadimist suvikõrvitsa ja lillkapsa puhul. Küpseta brokkoli õlis kuumaks, seejärel nõruta paberrätikutel.
g) Laota lambaliha kihiti suure poti põhja.
h) Lamba lambaliha peale kihiti praetud baklažaan, suvikõrvits, brokkoli ja lillkapsas.
i) Vala jasmiiniriis lihale ja köögiviljadele, raputades potti õrnalt, et riis settiks.
j) Valage lambalihast eraldatud keeduvedelik segule, kuni see on täielikult kaetud. Vajadusel lisa vett.
k) Kata pott kaanega ja hauta tasasel tulel, kuni riis on pehme ja vedelik imendunud, umbes 30-45 minutit.
l) Eemalda potilt kaas.
m) Asetage suur vaagen poti peale ja keerake pott ümber nii, et roog oleks vaagnal "tagurpidi".
n) Serveeri koos jogurtiga.

35.Veiseliha ja kudoonia

KOOSTISOSAD:
- 1 kg liha
- 2 tl küüslaugupastat
- 2 kg kudoonia
- 1 tl Suhkur
- 1 l hapu granaatõuna mahl
- 2 tl piparmünt (peeneks hakitud)
- 5 tl tomatipastat
- 1 tl Sool

JUHISED:
a) Lõika liha keskmisteks tükkideks ja pane kastrulisse. Lisa vesi ja lase keskmisel kuumusel hästi keeda.
b) Lisa kastrulisse kõik koostisosad peale küdoonia ja lase hästi küpseda.
c) Lõika küdoonia keskmisteks tükkideks ja lisa need kastrulisse.
d) Kui see on keedetud, serveeri taldrikule, eelistatavalt valge riisiga lisandina.

36.Baharati kana ja riis

KOOSTISOSAD:
BAHARATI VÜRTSISEGU:
- 1 ½ supilusikatäit kanget paprikat
- 1 spl jahvatatud musta pipart
- 1 spl köömneid
- ¾ supilusikatäit jahvatatud koriandrit
- ¾ supilusikatäit jahvatatud loomi (kuivatatud lubi)
- ½ supilusikatäit sumakipulbrit
- ¼ supilusikatäit jahvatatud kaneeli
- ¼ supilusikatäit jahvatatud nelki
- ¼ supilusikatäit jahvatatud muskaatpähklit
- 5 rohelist kardemoni kauna, purustatud
- 2 musta kardemoni kauna, purustatud

KANA JA RIIS:
- ½ hunnik värsket koriandrit
- 2 spl oliiviõli
- ½ värsket sidrunit, mahl
- 2 kana reied
- 2 kana jalga
- 1 kana rinnatükk
- 1 ½ tassi pruuni basmati riisi
- ¼ tassi tooreid india pähkleid
- ¼ tassi kooritud tooreid mandleid
- ¼ tassi kuldseid rosinaid
- ⅛ tassi koorega tooreid pistaatsia pähkleid
- 2 tl oliiviõli
- 1 šalottsibul, tükeldatud
- 1 tass kanapuljongit

JUHISED:
VALMISTA VIRTSISEGU:
a) Sega keskmises kausis kokku paprika, must pipar, köömned, koriander, loomi, sumak, kaneel, nelk, muskaatpähkel, roheline kardemon ja must kardemon. Kõrvale panema.

MARINEERITUD KANA:
b) Segage taassuletavas kilekotis koriander, 2 spl oliiviõli, sidrunimahl ja 1 supilusikatäis vürtsisegu.

c) Lisa kotti kana reied, koivad ja rinnatükk. Katmiseks sulgege ja raputage. Marineeri külmkapis vähemalt 4 tundi.

VALMISTA RIISISEGU:
d) Pange riis suurde kaussi, katke veega ja leotage vähemalt 1 tund.
e) Nõruta ja loputa riis, seejärel tõsta see kaussi tagasi. Lisa riisile india pähklid, mandlid, rosinad ja pistaatsiapähklid. Segage 1 supilusikatäis vürtsisegu ja segage hästi. Kõrvale panema.
f) Kuumuta ahi temperatuurini 375 kraadi F (190 kraadi C).
g) Kuumuta 2 tl oliiviõli Hollandi ahjus või tagine'is keskmisel kuumusel. Küpseta ja sega šalottsibul läbipaistvaks, 1 kuni 3 minutit. Lülitage kuumus välja.
h) Segage riisisegu, kuni see on hästi segunenud.

KOKKUVÕTE JA KÜPSETA:
i) Eemaldage ja visake koriander kanaga kotist välja.
j) Kalla marineeritud kana Hollandi ahjus riisisegu peale.
k) Valage kanapuljong reserveeritud kotti, loksutage õrnalt ning valage kana ja riisile.
l) Katke Hollandi ahi ja küpsetage eelsoojendatud ahjus, kuni riis on pehme ja kana on täielikult küpsenud (umbes 75 minutit).
m) Kana keskele sisestatud kiirloetav termomeeter peaks näitama vähemalt 74 kraadi C (165 kraadi F).

37. Röstitud maguskartul ja värsked viigimarjad

KOOSTISOSAD:
- 4 väikest maguskartulit (2¼ naela / 1 kg kokku)
- 5 spl oliiviõli
- 3 spl / 40 ml palsamiäädikat (võite kasutada pigem kaubanduslikku kui esmaklassilist laagerdussorti)
- 1½ spl / 20 g ülipeent suhkrut
- 12 rohelist sibulat, poolitatud pikuti ja lõigatud 1½ tolli / 4 cm tükkideks
- 1 punane tšilli, õhukeselt viilutatud
- 6 küpset viigimarja (8½ untsi / 240 g kokku), neljaks lõigatud
- 5 untsi / 150 g pehmet kitsepiimajuustu (valikuline)
- Maldoni meresool ja värskelt jahvatatud must pipar

JUHISED:
a) Kuumuta ahi temperatuurini 475 °F / 240 °C.
b) Pese bataat, poolita need pikuti ja lõika siis kumbki pool uuesti sarnaselt 3 pikaks viiluks. Segage 3 spl oliiviõli, 2 tl soola ja mõne musta pipraga. Laota viilud küpsetusplaadile, nahk allpool, ja küpseta umbes 25 minutit, kuni need on pehmed, kuid mitte pudrused. Eemaldage ahjust ja laske jahtuda.
c) Balsamico reduktsiooni tegemiseks asetage palsamiäädikas ja suhkur väikesesse kastrulisse. Kuumuta keemiseni, seejärel alanda kuumust ja hauta 2–4 minutit, kuni see pakseneb. Eemaldage pann kindlasti tulelt, kui äädikas on veel vedelam kui mesi; see pakseneb jahtudes edasi. Segage enne serveerimist tilk vett, kui see muutub tibumiseks liiga paksuks.
d) Laota bataadid serveerimisvaagnale. Kuumuta ülejäänud õli keskmisel kastrulis keskmisel kuumusel ning lisa roheline sibul ja tšilli. Prae 4–5 minutit, sageli segades, et tšillit mitte põletada. Vala maguskartulile lusikaga õli, sibul ja tšilli. Tõsta viigimarjad viilude vahele ja nirista seejärel palsamikaltsu peale. Serveeri toatemperatuuril. Kui kasutad, murenda peale juust.

38.Na'ama on rasvane

KOOSTISOSAD:

- 1 tass / 200 g kreeka jogurtit ja ¾ tassi pluss 2 spl / 200 ml täispiima või 1⅔ tassi / 400 ml petipiima (asendades nii jogurti kui ka piima)
- 2 suurt vananenud Türgi vormileiba või naani (9 untsi / 250 g kokku)
- 3 suurt tomatit (kokku 13 untsi / 380 g), lõigatud ⅔-tollisteks / 1,5 cm kuubikuteks
- 3½ untsi / 100 g redist, õhukeselt viilutatud
- 3 Liibanoni või minikurki (9 untsi / 250 g kokku), kooritud ja hakitud 1,5 cm kuubikuteks
- 2 rohelist sibulat, õhukeselt viilutatud
- ½ untsi / 15 g värsket piparmünti
- 1 unts / 25 g lamedate lehtedega peterselli, jämedalt hakitud
- 1 spl kuivatatud piparmünt
- 2 küüslauguküünt, purustatud
- 3 spl värskelt pressitud sidrunimahla
- ¼ tassi / 60 ml oliiviõli, millele lisandub veel tilk
- 2 spl siidri või valge veini äädikat
- ¾ tl värskelt jahvatatud musta pipart
- 1½ tl soola
- 1 spl sumahhi või rohkem maitse järgi, kaunistuseks

JUHISED:

a) Kui kasutate jogurtit ja piima, alustage vähemalt 3 tundi ja kuni päev varem, pannes mõlemad kaussi. Klopi korralikult läbi ja jäta jahedasse kohta või külmkappi seisma, kuni pinnale tekivad mullid. See, mida saate, on omatehtud pett, kuid vähem hapu.

b) Rebi leib suupärasteks tükkideks ja pane suurde segamisnõusse. Lisage oma kääritatud jogurtisegu või kaubanduslik petipiim, seejärel ülejäänud koostisosad, segage hästi ja jätke 10 minutiks, et kõik maitsed ühineksid.

c) Tõsta rasvaine lusikaga serveerimiskaussidesse, nirista peale veidi oliiviõli ja kaunista sumahhiga.

39.Röstitud baklažaan praetud sibulaga

KOOSTISOSAD:
- 2 suurt baklažaani, pikuti poolitatud koos varrega (kokku umbes 1⅔ naela / 750 g)
- ⅔ tassi / 150 ml oliiviõli
- 4 sibulat (kokku umbes 1¼ naela / 550 g), õhukesteks viiludeks
- 1½ rohelist tšillit
- 1½ tl jahvatatud köömneid
- 1 tl sumakit
- 1¾ untsi / 50 g fetajuustu, purustatud suurteks tükkideks
- 1 keskmine sidrun
- 1 küüslauguküüs, purustatud
- soola ja värskelt jahvatatud musta pipart

JUHISED:
a) Kuumuta ahi temperatuurini 425 °F / 220 °C.
b) Lõika iga baklažaani lõikekülg ristmustriga. Pintselda lõikekülgi 6½ spl / 100 ml õliga ning puista üle rohkelt soola ja pipraga. Asetage küpsetusplaadile, lõikepool üleval, ja röstige ahjus umbes 45 minutit, kuni viljaliha on kuldpruun ja täielikult küpsenud.
c) Baklažaanide röstimise ajal lisage ülejäänud õli suurele praepannile ja asetage kõrgele kuumusele. Lisage sibul ja ½ tl soola ning küpseta 8 minutit, sageli segades, et sibula osad muutuksid tõeliselt tumedaks ja krõbedaks. Seemne ja tükelda tšillid, hoides tervet poolest eraldi. Lisa jahvatatud köömned, sumahk ja kogu hakitud tšilli ning küpseta veel 2 minutit enne feta lisamist. Keeda viimane minut, mitte palju segades, seejärel eemalda tulelt.
d) Kasutage sidrunilt koore ja sisemuse eemaldamiseks väikest sakilist nuga. Tükeldage viljaliha jämedalt, visake seemned ära ning asetage viljaliha ja mahlad koos ülejäänud ½ tšilli ja küüslauguga kaussi.
e) Pange roog kokku kohe, kui baklažaanid on valmis. Tõsta röstitud pooled serveerimisnõusse ja määri viljalihale lusikaga sidrunikastet. Kuumuta sibulat veidi ja tõsta lusikaga peale. Serveeri soojalt või tõsta kõrvale toatemperatuurile.

40. Röstitud squash za'atariga

KOOSTISOSAD:
- 1 suur kõrvits (kokku 2½ naela / 1,1 kg), lõigatud ¾ x 2½ tolli / 2 x 6 cm viiludeks
- 2 punast sibulat, lõigatud 1¼-tollisteks / 3 cm viiludeks
- 3½ spl / 50 ml oliiviõli
- 3½ sl heledat tahini pastat
- 1½ spl sidrunimahla
- 2 spl vett
- 1 väike küüslauguküüs, purustatud
- 3½ spl / 30 g piiniaseemneid
- 1 spl za'atari
- 1 spl jämedalt hakitud lamedate lehtedega peterselli
- Maldoni meresool ja värskelt jahvatatud must pipar

JUHISED:
a) Kuumuta ahi temperatuurini 475 °F / 240 °C.
b) Pange kõrvits ja sibul suurde segamisnõusse, lisage 3 supilusikatäit õli, 1 tl soola ja veidi musta pipart ning segage hästi. Laota küpsetuspaberiga kaetud ahjuplaadile koorega allapoole ja rösti ahjus 30–40 minutit, kuni köögiviljad on värvuse võtnud ja läbi küpsenud. Jälgige sibulaid, kuna need võivad küpseda kiiremini kui squash ja tuleb varem eemaldada. Eemaldage ahjust ja laske jahtuda.
c) Kastme valmistamiseks asetage tahini väikesesse kaussi koos sidrunimahla, vee, küüslaugu ja ¼ teelusikatäie soolaga. Vahusta, kuni kaste on mee konsistentsiga, vajadusel lisa veel vett või tahinit.
d) Valage ülejäänud 1½ tl õli väikesele praepannile ja asetage keskmisele või madalale kuumusele. Lisa piiniaseemned koos ½ tl soolaga ja küpseta 2 minutit, sageli segades, kuni pähklid on kuldpruunid. Tõsta pliidilt ning tõsta pähklid ja õli keetmise peatamiseks väikesesse kaussi.
e) Serveerimiseks laota köögiviljad suurele serveerimisvaagnale ja nirista peale tahini. Puista peale piiniaseemned ja nende õli, seejärel za'atar ja petersell.

41.Fava Bean Kuku

KOOSTISOSAD:
- 1 nael / 500 g fava ube, värsked või külmutatud
- 5 spl / 75 ml keeva veega
- 2 spl ülipeent suhkrut
- 5 spl / 45 g kuivatatud lodjamarju
- 3 spl rasket koort
- ¼ tl safrani niidid
- 2 spl külma vett
- 5 spl oliiviõli
- 2 keskmist sibulat, peeneks hakitud
- 4 küüslauguküünt, purustatud
- 7 suurt vabapidamisel peetavat muna
- 1 spl universaalset jahu
- ½ tl küpsetuspulbrit
- 1 tass / 30 g tilli, hakitud
- ½ tassi / 15 g piparmünt, hakitud
- soola ja värskelt jahvatatud musta pipart

JUHISED:
a) Kuumuta ahi temperatuurini 350 °F / 180 °C. Pane fava oad rohke keeva veega pannile. Hauta 1 minut, nõruta, värskenda külma vee all ja tõsta kõrvale.
b) Valage 5 spl / 75 ml keevat vett keskmisesse kaussi, lisage suhkur ja segage lahustumiseni. Kui siirup on leige, lisage lodjamarjad ja jätke need umbes 10 minutiks seisma, seejärel nõrutage.
c) Kuumuta koor, safran ja külm vesi väikeses kastrulis keema. Tõsta koheselt tulelt ja jäta 30 minutiks tõmbama.
d) Kuumutage 3 supilusikatäit oliiviõli keskmisel kuumusel 10-tollisel / 25 cm mittenakkuval ahjukindlal kaanega pannil. Lisa sibulad ja küpseta umbes 4 minutit, aeg-ajalt segades, seejärel lisa küüslauk ning küpseta ja sega veel 2 minutit. Sega juurde fava oad ja tõsta kõrvale.
e) Klopi munad suures segamiskausis korralikult vahuks. Lisa jahu, küpsetuspulber, safranikoor, ürdid, 1½ tl soola ja ½ tl pipart ning klopi korralikult läbi. Viimasena sega juurde lodjamarjad ning fava oad ja sibula segu.
f) Pühkige pann puhtaks, lisage ülejäänud oliiviõli ja asetage ahju 10 minutiks, et see hästi kuumeneks. Vala munasegu kuumale pannile, kata kaanega ja küpseta 15 minutit. Eemaldage kaas ja küpsetage veel 20–25 minutit, kuni munad on tahenenud. Võta ahjust välja ja lase 5 minutit puhata, enne kui tõstad serveerimisvaagnale. Serveeri soojalt või toatemperatuuril.

Toorartišoki ja ürdisalat

42.Sidruni porru lihapallid

KOOSTISOSAD:
- 6 suurt kärbitud porrulauku (kokku umbes 1¾ naela / 800 g)
- 9 untsi / 250 g veisehakkliha
- 1 tass / 90 g riivsaia
- 2 suurt vabapidamisel peetavat muna
- 2 spl päevalilleõli
- ¾ kuni 1¼ tassi / 200 kuni 300 ml kanapuljongit
- ⅓ tassi / 80 ml värskelt pressitud sidrunimahla (umbes 2 sidrunit)
- ⅓ tassi / 80 g Kreeka jogurtit
- 1 spl peeneks hakitud lamedate lehtedega peterselli
- soola ja värskelt jahvatatud musta pipart

JUHISED:
a) Lõika porru ¾-tollisteks / 2 cm viiludeks ja auruta neid umbes 20 minutit, kuni need on täiesti pehmed. Nõruta ja lase jahtuda, seejärel pigista rätikuga välja jääkvesi. Töötle porru köögikombainis paar korda pulseerides, kuni see on hästi hakitud, kuid mitte pudrune. Asetage porru suurde segamisnõusse koos liha, riivsaia, munade, 1¼ tl soola ja 1 tl musta pipraga. Vormi segust lamedad pätsikesed, umbes 2¾ x ¾ tolli / 7 x 2 cm – see peaks moodustama 8. Asetage 30 minutiks külmkappi.
b) Kuumuta õli keskmisel-kõrgel kuumusel suurel paksupõhjalisel pannil, mille jaoks sul on kaas. Prae pätsikesed mõlemalt poolt kuldpruuniks; seda saab vajadusel teha partiidena.
c) Pühkige pann paberrätikuga välja ja asetage lihapallid põhjale, vajadusel kattudes. Vala peale nii palju puljongit, et see kataks pätsikesed peaaegu, kuid mitte päris ära. Lisa sidrunimahl ja ½ tl soola. Kuumuta keemiseni, seejärel kata kaanega ja keeda tasasel tulel 30 minutit. Eemalda kaas ja küpseta vajadusel veel paar minutit, kuni peaaegu kogu vedelik on aurustunud. Tõsta pann tulelt ja tõsta kõrvale jahtuma.
d) Serveerige lihapallid soojalt või toatemperatuuril koos jogurtitüki ja peterselliga.

43.Chermoula baklažaan Bulguri ja jogurtiga

KOOSTISOSAD:

- 2 küüslauguküünt, purustatud
- 2 tl jahvatatud köömneid
- 2 tl jahvatatud koriandrit
- 1 tl tšillihelbeid
- 1 tl magusat paprikat
- 2 spl peeneks hakitud konserveeritud sidrunikoort (poest ostetud või vaata retsepti)
- ⅔ tass / 140 ml oliiviõli, lisaks veel lõpetuseks
- 2 keskmist baklažaani
- 1 tass / 150 g peent bulgurit
- ⅔ tassi / 140 ml keeva vett
- ⅓ tassi / 50 g kuldseid rosinaid
- 3½ spl / 50 ml sooja vett
- ⅓ untsi / 10 g koriandrit, hakitud, lisaks veel lisa viimistluseks
- ⅓ untsi / 10 g piparmünt, hakitud
- ⅓ tassi / 50 g kivideta rohelisi oliive, poolitatud
- ⅓ tassi / 30 g viilutatud mandleid, röstitud
- 3 rohelist sibulat, hakitud
- 1½ spl värskelt pressitud sidrunimahla
- ½ tassi / 120 g Kreeka jogurtit
- soola

JUHISED:
a) Kuumuta ahi temperatuurini 400 °F / 200 °C.
b) Chermoula valmistamiseks segage väikeses kausis küüslauk, köömned, koriander, tšilli, paprika, konserveeritud sidrun, kaks kolmandikku oliiviõlist ja ½ tl soola.
c) Lõika baklažaanid pikuti pooleks. Lõika mõlema poole viljaliha sügavate, diagonaalsete ristjoontega, vältides nahka läbitorkamist. Tõsta chermoula lusikaga mõlemale poolele, jaotades see ühtlaselt, ja aseta küpsetusplaadile lõigatud pool üleval. Pane ahju ja rösti 40 minutit või kuni baklažaanid on täiesti pehmed.
d) Vahepeal pane bulgur suurde kaussi ja kata keeva veega.
e) Leota rosinaid soojas vees. 10 minuti pärast nõrutage rosinad ja lisage need koos ülejäänud õliga bulgurile. Lisa ürdid, oliivid, mandlid, roheline sibul, sidrunimahl ja näputäis soola ning sega ühtlaseks. Maitse ja vajadusel lisa veel soola.
f) Serveeri baklažaanid soojalt või toatemperatuuril. Asetage ½ baklažaani, lõikepool ülespoole, igale üksikule taldrikule. Tõsta lusikaga peale bulgur, lastes mõnel mõlemalt poolt alla kukkuda. Valage lusikaga peale jogurtit, puistake peale koriandrit ja viimistlege tilgakese õliga.

44.Praetud lillkapsas tahiniga

KOOSTISOSAD:
- 2 tassi / 500 ml päevalilleõli
- 2 keskmist lillkapsast (kokku 2¼ naela / 1 kg), jagatud väikesteks õisikuteks
- 8 rohelist sibulat, igaüks jagatud 3 pikaks osaks
- ¾ tassi / 180 g heledat tahiinipastat
- 2 küüslauguküünt, purustatud
- ¼ tassi / 15 g lamedate lehtedega peterselli, hakitud
- ¼ tassi / 15 g hakitud piparmünti, millele lisandub viimistlus
- ⅔ tassi / 150 g Kreeka jogurtit
- ¼ tassi / 60 ml värskelt pressitud sidrunimahla ja 1 sidruni riivitud koor
- 1 tl granaatõunamelassi ja viimistluseks lisa
- umbes ¾ tassi / 180 ml vett
- Maldoni meresool ja värskelt jahvatatud must pipar

JUHISED:

a) Kuumuta päevalilleõli suures kastrulis, mis asetatakse keskmisele-kõrgele kuumusele. Asetage metalltangide või metalllusikaga ettevaatlikult õli sisse paar lillkapsa õisikut ja küpsetage neid 2–3 minutit, pöörates ümber, et värvus ühtlaselt muutuks. Kui õisikud on kuldpruunid, tõstke need lusikaga kurni nõrguma. Puista peale veidi soola. Jätkake partiide kaupa, kuni olete kogu lillkapsa valmis saanud. Järgmisena praadige rohelist sibulat partiidena, kuid ainult umbes 1 minut. Lisa lillkapsale. Laske mõlemal veidi jahtuda.

b) Valage tahinipasta suurde segamisnõusse ja lisage küüslauk, hakitud ürdid, jogurt, sidrunimahl ja -koor, granaatõunamelass ning veidi soola ja pipart. Segage vett lisades puulusikaga korralikult läbi. Tahini kaste muutub vee lisamisel paksemaks ja seejärel lahti. Ärge lisage liiga palju, vaid nii palju, et saada paks, kuid ühtlane, valatav konsistents, mis sarnaneb meega.

c) Lisa tahinile lillkapsas ja roheline sibul ning sega korralikult läbi. Maitse ja maitsesta. Samuti võite lisada rohkem sidrunimahla.

d) Serveerimiseks tõsta lusikaga serveerimiskaussi ning lõpetuseks lisa paar tilka granaatõunamelassi ja veidi piparmünti.

45. Šveitsi mangold Tahini, jogurti ja männipähklitega

KOOSTISOSAD:
- 2¾ naela / 1,3 kg Šveitsi mangold
- 2½ spl / 40 g soolamata võid
- 2 spl oliiviõli, pluss veel lõpetuseks
- 5 spl / 40 g piiniaseemneid
- 2 väikest küüslauguküünt, väga õhukeseks viilutatud
- ¼ tassi / 60 ml kuiva valget veini
- paprika, kaunistuseks (valikuline)
- soola ja värskelt jahvatatud musta pipart

TAHINI ja JOGURTIKASTUS
- 3½ spl / 50 g heledat tahiinipastat
- 4½ spl / 50 g Kreeka jogurtit
- 2 spl värskelt pressitud sidrunimahla
- 1 küüslauguküüs, purustatud
- 2 spl vett

JUHISED:
a) Alusta kastmega. Asetage kõik koostisosad keskmisesse kaussi, lisage näpuotsatäis soola ja segage väikese vispliga hästi, kuni saate ühtlase, poolkõva pasta. Kõrvale panema.
b) Eraldage terava noaga valged mangoldi varred rohelistest lehtedest ja lõigake mõlemad ¾ tolli / 2 cm laiusteks viiludeks, hoides neid eraldi. Lase suures kastrulis soolaga maitsestatud vesi keema ja lisa mangoldi varred. Hauta 2 minutit, lisa lehed ja küpseta veel minut. Nõruta ja loputa hästi külma vee all. Laske veel ära voolata ja seejärel pigistage mangold kätega, kuni see täielikult kuivab.
c) Pane pool võist ja 2 supilusikatäit oliivõli suurele praepannile ning aseta keskmisele kuumusele. Kui see on kuum, lisage seedermänniseemned ja viskage need pannile kuldseks, umbes 2 minutit. Eemaldage need pannilt lusikaga, seejärel visake sisse küüslauk. Küpseta umbes minut, kuni see hakkab kuldseks muutuma. Vala ettevaatlikult (sülitab!) vein sisse. Jätke minutiks või vähem, kuni see väheneb umbes ühe kolmandikuni. Lisa mangold ja ülejäänud või ning küpseta 2–3 minutit aeg-ajalt segades, kuni mangold on täiesti soe. Maitsesta ½ tl soola ja vähese musta pipraga.
d) Jagage mangold üksikute serveerimiskausside vahel, valage lusikaga peale tahini kastet ja puistake seedermänniseemnetega. Lõpuks nirista peale oliivõli ja soovi korral puista peale veidi paprikat.

46.Kofta B'siniyah

KOOSTISOSAD:
- ⅔ tass / 150 g heledat tahiinipastat
- 3 spl värskelt pressitud sidrunimahla
- ½ tassi / 120 ml vett
- 1 keskmine küüslauguküüs, purustatud
- 2 spl päevalilleõli
- 2 spl / 30 g soolamata võid või ghee (valikuline)
- röstitud piiniaseemned, kaunistuseks
- peeneks hakitud lamedate lehtedega petersell, kaunistuseks
- paprika, kaunistuseks
- soola

KOFTA
- 14 untsi / 400 g jahvatatud lambaliha
- 14 untsi / 400 g vasika- või veiseliha
- 1 väike sibul (umbes 5 untsi / 150 g), peeneks hakitud
- 2 suurt küüslauguküünt, purustatud
- 7 spl / 50 g röstitud piiniaseemneid, jämedalt hakitud
- ½ tassi / 30 g peeneks hakitud lehtpeterselli
- 1 suur keskmiselt kuum punane tšilli, seemnete ja peeneks hakitud
- 1½ tl jahvatatud kaneeli
- 1½ tl jahvatatud piment
- ¾ tl riivitud muskaatpähklit
- 1½ tl värskelt jahvatatud musta pipart
- 1½ tl soola

JUHISED:
a) Pane kõik kofta koostisosad kaussi ja sega kätega kõik hästi kokku. Vormige nüüd pikad, torpeedotaolised sõrmed, umbes 3¼ tolli / 8 cm pikad (igaüks umbes 2 untsi / 60 g). Vajutage segu kokkupressimiseks ja veenduge, et iga kofta on tihe ja hoiab oma kuju. Asetage taldrikule ja jahutage, kuni olete valmis neid küpsetama, kuni 1 päev.
b) Kuumuta ahi temperatuurini 425 °F / 220 °C. Sega keskmises kausis kokku tahini pasta, sidrunimahl, vesi, küüslauk ja ¼ teelusikatäit soola. Kaste peaks olema veidi vedelam kui mesi; vajadusel lisa 1 kuni 2 supilusikatäit vett.

c) Kuumuta päevalilleõli suurel pannil kõrgel kuumusel ja prae kofta. Tehke seda partiidena, et need ei jääks kokku. Prae neid igast küljest kuldpruuniks, umbes 6 minutit partii kohta. Sel hetkel peaksid need olema keskmiselt haruldased. Tõsta vormist välja ja laota ahjuplaadile. Kui soovite küpsetada neid keskmiselt või hästi, pange küpsetusplaat nüüd 2–4 minutiks ahju.
d) Tõsta lusikaga tahini kastet kofta ümber nii, et see kataks panni põhja. Soovi korral nirista veidi ka kofta peale, kuid jäta osa lihast välja. Asetage ahju minutiks või paariks, et kaste veidi soojeneda.
e) Vahepeal, kui kasutad võid, sulata see väikeses potis ja lase veidi pruunistuda, jälgides, et see ära ei kõrbeks. Tõsta koftale lusikaga võid peale niipea, kui need ahjust välja tulevad. Puista peale piiniaseemned ja petersell ning seejärel puista peale paprika. Serveeri korraga.

47. Sabih

KOOSTISOSAD:
- 2 suurt baklažaani (kokku umbes 1⅔ naela / 750 g)
- umbes 1¼ tassi / 300 ml päevalilleõli
- 4 viilu kvaliteetset saia, röstitud või värsket ja niisket minipitast
- 1 tass / 240 ml Tahini kastet
- 4 suurt vabapidamisel peetavat muna, kõvaks keedetud, kooritud ja lõigatud ⅜-tollisteks / 1 cm paksusteks viiludeks või poolitatud
- umbes 4 spl Zhougi
- amba või soolane mango hapukurk (valikuline)
- soola ja värskelt jahvatatud musta pipart

HAKITUD SALAT
- 2 keskmiselt küpset tomatit, lõigatud ⅜-tollisteks / 1 cm kuubikuteks (kokku umbes 1 tass / 200 g)
- 2 minikurki, lõigatud ⅜-tollisteks / 1 cm kuubikuteks (kokku umbes 1 tass / 120 g)
- 2 rohelist sibulat, õhukeselt viilutatud
- 1½ sl hakitud lamedate lehtedega peterselli
- 2 tl värskelt pressitud sidrunimahla
- 1½ spl oliiviõli

JUHISED:
a) Kasutage köögiviljakoorijat, et koorida baklažaanikoore ribad ülalt alla, jättes baklažaanidele vaheldumisi musta naha ja valge viljaliha ribad, mis on sebrataolised. Lõika mõlemad baklažaanid laiuti 1 tolli / 2,5 cm paksusteks viiludeks. Piserdage neid mõlemalt poolt soolaga, seejärel laotage need küpsetusplaadile ja laske veest eemaldamiseks vähemalt 30 minutit seista. Kasutage nende pühkimiseks paberrätikuid.
b) Kuumuta laial pannil päevalilleõli. Prae baklažaaniviilud ettevaatlikult – õlis sülitades – kauniks ja tumedaks, keerates neid üks kord, kokku 6–8 minutit. Vajadusel lisage partiide küpsetamise ajal õli. Kui see on valmis, peaksid baklažaanitükid olema keskelt täiesti pehmed. Tõsta pannilt ja nõruta paberrätikutel.
c) Valmista tükeldatud salat, segades kõik ained omavahel ja maitsestades maitse järgi soola ja pipraga.
d) Vahetult enne serveerimist aseta igale taldrikule 1 viil leiba või pitat. Tõsta igale viilule 1 supilusikatäis tahini kastet, seejärel aseta baklažaaniviilud peale, kattudes. Nirista peale veel tahinit, kuid baklažaaniviile täielikult katmata. Maitsesta iga munaviilu soola ja pipraga ning laota baklažaani peale. Nirista peale veel tahinit ja lusikaga peale nii palju zhougi kui soovid; ole ettevaatlik, see on kuum! Soovi korral tõsta peale ka mangohapukurk. Serveeri köögiviljasalatit, soovi korral lusikaga iga portsjoni peale.

48. Nisumarjad, mangold ja granaatõunamelass

KOOSTISOSAD:
- 1⅓ nael / 600 g mangold või vikerkaare mangol
- 2 spl oliiviõli
- 1 spl soolata võid
- 2 suurt porrulauku, valged ja kahvaturohelised osad, õhukesteks viiludeks (3 tassi / kokku 350 g)
- 2 spl helepruuni suhkrut
- umbes 3 spl granaatõuna melassi
- 1¼ tassi / 200 g kooritud või koorimata nisumarju
- 2 tassi / 500 ml kanapuljongit
- soola ja värskelt jahvatatud musta pipart
- Kreeka jogurt, serveerimiseks

JUHISED:
a) Eraldage mangoldi valged varred rohelistest lehtedest väikese terava noaga. Lõika varred ⅜-tollisteks / 1 cm viiludeks ja lehed ¾-tollisteks / 2 cm viiludeks.
b) Kuumuta suurel paksupõhjalisel pannil õli ja või. Lisa porru ja küpseta segades 3–4 minutit. Lisage mangoldi varred ja küpseta 3 minutit, seejärel lisage lehed ja küpseta veel 3 minutit. Lisa suhkur, 3 spl granaatõunamelassi ja nisumarjad ning sega korralikult läbi. Lisage puljong, ¾ teelusikatäit soola ja veidi musta pipart, keetke tasasel tulel ja keetke kaanega madalal kuumusel 60–70 minutit. Nisu peaks sel hetkel olema al dente.
c) Eemaldage kaas ja vajadusel suurendage kuumust ja laske ülejäänud vedelikul aurustuda. Panni põhi peaks olema kuiv ja sellel peaks olema veidi kõrbenud karamelli. Tõsta tulelt.
d) Enne serveerimist maitse ja vajadusel lisa melassi, soola ja pipart; tahad seda teravat ja magusat, nii et ära ole oma melassiga häbelik. Serveeri soojalt, kreeka jogurtiga.

49. Balilah

KOOSTISOSAD:
- 1 tass / 200 g kuivatatud kikerherneid
- 1 tl söögisoodat
- 1 tass / 60 g hakitud lehtpeterselli
- 2 rohelist sibulat, õhukeselt viilutatud
- 1 suur sidrun
- 3 spl oliiviõli
- 2½ tl jahvatatud köömneid
- soola ja värskelt jahvatatud musta pipart

JUHISED:
a) Pane eelmisel õhtul kikerherned suurde kaussi ja kata külma veega, mis on vähemalt kaks korda suurem. Lisage söögisoodat ja laske toatemperatuuril üleöö leotada.
b) Nõruta kikerherned ja aseta need suurde kastrulisse. Kata rohke külma veega ja aseta kõrgele kuumusele. Kuumuta keemiseni, koori vee pind, seejärel alanda kuumust ja hauta 1–1,5 tundi, kuni kikerherned on väga pehmed, kuid säilitavad siiski oma kuju.
c) Kuni kikerherned küpsevad, pane suurde segamisnõusse petersell ja roheline sibul. Koorige sidrun, lisades sellele koore ja saba, asetades lauale ja tõmmates väikese terava noaga mööda selle kõveraid, et eemaldada nahk ja valge südamik. Eemaldage nahk, südamik ja seemned ning tükeldage viljaliha jämedalt. Lisa kaussi viljaliha ja kõik mahlad.
d) Kui kikerherned on valmis, kurna ja lisa kaussi, kuni need on veel kuumad. Lisa oliiviõli, köömned, ¾ tl soola ja jahvatatud pipar. Sega hästi. Lase jahtuda soojaks, maitsesta maitsestamist ja serveeri.

50.Safraniriis lodjamarjade ja pistaatsiapähklitega

KOOSTISOSAD:
- 2½ spl / 40 g soolamata võid
- 2 tassi / 360 g basmati riisi, loputa külma vee all ja nõruta hästi
- 2⅓ tassi / 560 ml keeva veega
- 1 tl safrani niidid, leotatud 3 spl keevas vees 30 minutit
- ¼ tassi / 40 g kuivatatud lodjamarju, leotatud mõneks minutiks keevas vees näpuotsatäie suhkruga
- 1 unts / 30 g tilli, jämedalt hakitud
- ⅔ untsi / 20 g kirvipuu, jämedalt hakitud
- ⅓ untsi / 10 g estragoni, jämedalt hakitud
- ½ tassi / 60 g viilutatud või purustatud soolamata pistaatsiapähkleid, kergelt röstitud
- soola ja värskelt jahvatatud valget pipart

JUHISED:
a) Sulata või keskmises kastrulis ja sega hulka riis, veendudes, et terad on hästi võiga kaetud. Lisa keev vesi, 1 tl soola ja veidi valget pipart. Sega korralikult läbi, kata tihedalt suletava kaanega ja lase väga madalal kuumusel 15 minutit haududa. Ärge kiusake panni paljastama; peate laskma riisil korralikult aurutada.
b) Tõsta riisipann tulelt – riis on kogu vee endasse imanud – ja vala safraniveega riisi ühele küljele, kattes umbes veerandi pinnast ja jättes suurema osa sellest valgeks. Kata pann kohe rätikuga ja sule uuesti tihedalt kaanega. Jäta 5–10 minutiks kõrvale.
c) Eemaldage suure lusikaga riisi valge osa suurde segamisnõusse ja ajage see kahvliga kohevaks. Nõruta lodjamarjad ja sega sisse, seejärel maitsetaimed ja suurem osa pistaatsiapähklitest, jättes mõned kaunistuseks. Sega hästi.
d) Puhastage safraniriis kahvliga ja keerake see õrnalt valge riisi hulka. Ärge segage üle – te ei soovi, et valged terad kollase värviga määriksid. Maitse ja maitsesta.
e) Tõsta riis madalasse serveerimisnõusse ja puista peale ülejäänud pistaatsiapähklid. Serveeri soojalt või toatemperatuuril.

51.Kana sofrito

KOOSTISOSAD:
- 1 spl päevalilleõli
- 1 väike vabalt peetav kana, umbes 3¼ naela / 1,5 kg, liblikas või veerandituna
- 1 tl magusat paprikat
- ¼ tl jahvatatud kurkumit
- ¼ tl suhkrut
- 2½ spl värskelt pressitud sidrunimahla
- 1 suur sibul, kooritud ja neljaks lõigatud
- päevalilleõli, praadimiseks
- 1⅔ naela / 750 g Yukon Gold kartuleid, kooritud, pestud ja lõigatud ¾-tollisteks / 2 cm kuubikuteks
- 25 küüslauguküünt, koorimata
- soola ja värskelt jahvatatud musta pipart

JUHISED:
a) Valage õli suurele madalale pannile või Hollandi ahju ja pange keskmisele kuumusele. Asetage kana pannile, nahk allpool, ja prae 4–5 minutit, kuni see on kuldpruun.
b) Maitsesta paprika, kurkumi, suhkru, ¼ teelusikatäie soola, jahvatatud musta pipra ja 1½ supilusikatäie sidrunimahlaga. Pöörake kana nii, et nahk jääks ülespoole, lisage pannile sibul ja katke kaanega. Alandage kuumust madalaks ja küpsetage kokku umbes pool tundi; see hõlmab ka kana küpsetamise aega koos kartulitega.
c) Tõstke aeg-ajalt kaant, et kontrollida vedeliku kogust panni põhjas. Idee on see, et kana küpsetaks ja aurutaks omas mahlas, kuid võib-olla peate lisama veidi keevat vett, et panni põhjas oleks alati ¼ tolli / 5 mm vedelikku.
d) Kui kana on umbes 30 minutit küpsenud, valage päevalilleõli keskmisesse kastrulisse 1¼ tolli / 3 cm sügavusele ja asetage keskmisele-kõrgele kuumusele. Prae kartulit ja küüslauku koos mõne partii kaupa umbes 6 minutit partii kohta, kuni need omandavad värvi ja krõbedad. Tõstke lõhikuga lusikaga iga partii õlist eemale ja paberrätikutele, seejärel puistake soolaga.
e) Kui kana on 1 tund küpsenud, tõsta see pannilt ja tõsta lusikaga sisse praekartul ja küüslauk, segades need keedumahlaga. Tõsta kana tagasi pannile, asetades ülejäänud küpsetusajaks ehk 30 minutiks kartulite peale. Kana peaks luust maha kukkuma ja kartulid keeduvedelikus leotatud ja täiesti pehmed. Serveerimisel nirista peale ülejäänud sidrunimahl.

52.Metsik riis kikerherneste ja sõstardega

KOOSTISOSAD:
- ⅓ tassi / 50 g metsikut riisi
- 2½ spl oliiviõli
- ümardatud 1 tass / 220 g basmati riisi
- 1½ tassi / 330 ml keeva veega
- 2 tl köömneid
- 1½ tl karripulbrit
- 1½ tassi / 240 g keedetud ja nõrutatud kikerherneid (konservid sobivad)
- ¾ tassi / 180 ml päevalilleõli
- 1 keskmine sibul, õhukeselt viilutatud
- 1½ tl universaalset jahu
- ⅔ tassi / 100 g sõstraid
- 2 spl hakitud lamedate lehtedega peterselli
- 1 spl hakitud koriandrit
- 1 spl hakitud tilli
- soola ja värskelt jahvatatud musta pipart

JUHISED:
a) Alustuseks pane metsik riis väikesesse kastrulisse, kata rohke veega, lase keema tõusta ja lase umbes 40 minutit podiseda, kuni riis on küps, kuid siiski üsna tahke. Nõruta ja tõsta kõrvale.

b) Basmati riisi küpsetamiseks valage 1 supilusikatäis oliiviõli tihedalt suletava kaanega keskmisesse kastrulisse ja asetage see kõrgele kuumusele. Lisa riis ja ¼ teelusikatäit soola ning sega riisi soojendamise ajal. Lisa ettevaatlikult keev vesi, alanda kuumust väga madalale, kata pann kaanega ja jäta 15 minutiks keema.

c) Tõsta pann tulelt, kata puhta rätikuga ja seejärel kaanega ning jäta tulelt 10 minutiks seisma.

d) Riisi küpsemise ajal valmista kikerherned. Kuumuta väikeses potis kõrgel kuumusel ülejäänud 1½ spl oliiviõli. Lisage köömned ja karripulber, oodake paar sekundit ning seejärel lisage kikerherned ja ¼ teelusikatäit soola; tee seda kiiresti, muidu võivad vürtsid õlis kõrbeda. Segage kuumusel minut või paar, et kikerherned kuumeneks, seejärel tõstke suurde segamisnõusse.

e) Pühkige kastrul puhtaks, valage sisse päevalilleõli ja asetage kõrgele kuumusele. Veenduge, et õli oleks kuum, visates sisse väikese tüki sibulat; see peaks tugevalt särisema. Segage sibul kätega jahuga, et seda kergelt katta. Võtke osa sibulast ja asetage see ettevaatlikult (võib sülitada!) õli sisse. Prae 2–3 minutit kuni kuldpruunini, seejärel tõsta paberrätikutele nõrguma ja puista üle soolaga. Korrake partiide kaupa, kuni kogu sibul on praetud.

f) Lõpuks lisa kikerhernestele mõlemat tüüpi riis ning seejärel sõstrad, ürdid ja praetud sibul. Segage, maitsestage ja lisage oma maitse järgi soola ja pipart. Serveeri soojalt või toatemperatuuril.

53. Põletatud baklažaan koos Granaatõuna seemned

KOOSTISOSAD:

- 4 suurt baklažaani (3¼ naela / 1,5 kg enne küpsetamist; 2½ tassi / 550 g pärast viljaliha põletamist ja nõrutamist)
- 2 küüslauguküünt, purustatud
- 1 sidruni riivitud koor ja 2 spl värskelt pressitud sidrunimahla
- 5 spl oliiviõli
- 2 spl hakitud lamedate lehtedega peterselli
- 2 spl hakitud piparmünt
- ½ suure granaatõuna seemned (½ tassi / kokku 80 g)
- soola ja värskelt jahvatatud musta pipart

JUHISED:

a) Kui teil on gaasipliit, vooderdage alus selle kaitsmiseks alumiiniumfooliumiga, jättes ainult põletid avatuks.

b) Asetage baklažaanid otse neljale eraldi keskmise leegiga gaasipõletile ja röstige 15–18 minutit, kuni nahk on kõrbenud ja ketendav ning viljaliha pehme. Kasutage metalltange, et neid aeg-ajalt ümber pöörata.

c) Teise võimalusena lõigake baklažaanid noaga mõnest kohast, umbes ¾ tolli / 2 cm sügavusele, ja asetage küpsetusplaadile kuuma broileri alla umbes tunniks. Pöörake neid umbes iga 20 minuti järel ja jätkake küpsetamist isegi siis, kui need lõhkevad ja purunevad.

d) Tõsta baklažaanid tulelt ja lase neil veidi jahtuda. Kui see on käsitsemiseks piisavalt jahtunud, lõigake iga baklažaani äärde ava ja eemaldage pehme viljaliha, jagades selle kätega pikkadeks õhukesteks ribadeks. Visake nahk ära. Nõruta viljaliha kurnis vähemalt tund aega, soovitavalt kauem, et võimalikult palju vett lahti saada.

e) Asetage baklažaani viljaliha keskmisesse kaussi ja lisage küüslauk, sidrunikoor ja -mahl, oliiviõli, ½ tl soola ja jahvatatud must pipar. Sega läbi ja lase baklažaanil toatemperatuuril vähemalt tund aega marineerida.

f) Kui oled serveerimiseks valmis, sega sisse suurem osa ürte ja maitsesta. Kuhja serveerimistaldrikule, puista peale granaatõunaseemned ja kaunista ülejäänud ürtidega.

54.Odrarisotto marineeritud fetaga

KOOSTISOSAD:

- 1 tass / 200 g pärl otra
- 2 spl / 30 g soolamata võid
- 6 spl / 90 ml oliivõli
- 2 väikest sellerivart, lõigatud ¼-tollisteks / 0,5 cm kuubikuteks
- 2 väikest šalottsibulat, lõigatud ¼-tollisteks / 0,5 cm kuubikuteks
- 4 küüslauguküünt, lõigatud 1/16-tollisteks / 2 mm kuubikuteks
- 4 tüümianioksa
- ½ tl suitsutatud paprikat
- 1 loorberileht
- 4 riba sidrunikoort
- ¼ tl tšillihelbeid
- üks 14 untsi / 400 g purk tükeldatud tomatit
- 3 tassi / 700 ml köögiviljapuljongit
- 1¼ tassi / 300 ml passatat (sõelal purustatud tomatid)
- 1 spl köömneid
- 10½ untsi / 300 g fetajuustu, purustatud umbes ¾-tollisteks / 2 cm tükkideks
- 1 spl värskeid pune lehti
- soola

JUHISED:
a) Loputa oder külma vee all korralikult läbi ja jäta nõrguma.
b) Sulata või ja 2 supilusikatäit oliiviõli väga suurel pannil ning küpseta sellerit, šalottsibulat ja küüslauku tasasel tulel 5 minutit, kuni need on pehmed. Lisa oder, tüümian, paprika, loorberileht, sidrunikoor, tšillihelbed, tomatid, puljong, passata ja sool. Sega segamiseks.
c) Kuumuta segu keemiseni, alanda seejärel väga vaikselt keemiseni ja küpseta 45 minutit, sageli segades, et risoto ei jääks panni põhja. Valmis oder peaks olema pehme ja suurem osa vedelikust imendunud.
d) Samal ajal rösti köömneid kuival pannil paar minutit. Seejärel purusta need kergelt, nii et mõned terved seemned alles jääksid. Lisage need fetale ülejäänud 4 supilusikatäit / 60 ml oliiviõliga ja segage õrnalt.
e) Kui risoto on valmis, kontrollige maitsestust ja jagage see nelja madala kausi vahel. Valage igale peale marineeritud feta, sealhulgas õli, ja piserdage pune lehti.

55.Röstitud kana klementiinidega

KOOSTISOSAD:
- 6½ spl / 100 ml arakit, ouzot või pernodi
- 4 spl oliiviõli
- 3 spl värskelt pressitud apelsinimahla
- 3 spl värskelt pressitud sidrunimahla
- 2 spl teralist sinepit
- 3 spl helepruuni suhkrut
- 2 keskmist apteegitilli sibulat (kokku 1 nael / 500 g)
- 1 suur orgaaniline või vabapidamisel peetav kana, umbes 2¾ naela / 1,3 kg, jagatud 8 tükiks või sama kaal nahaga kondiga kana reied
- 4 koorimata klementiini (kokku 14 untsi / 400 g), lõigatud horisontaalselt 0,5 cm suurusteks viiludeks
- 1 spl tüümiani lehti
- 2½ tl apteegitilli seemneid, kergelt purustatud
- soola ja värskelt jahvatatud musta pipart
- hakitud lamedate lehtedega petersell, kaunistuseks

JUHISED:

a) Pange esimesed kuus koostisosa suurde segamisnõusse ja lisage 2½ tl soola ja 1½ tl musta pipart. Klopi korralikult läbi ja tõsta kõrvale.
b) Kärbi apteegitill ja lõika iga sibul pikuti pooleks. Lõika kumbki pool 4 viiluks. Lisage vedelikele apteegitill koos kanatükkide, klementiiniviilude, tüümiani ja apteegitilli seemnetega. Sega kätega korralikult läbi, siis jäta mõneks tunniks või üleöö külmkappi marineerima (kui aega napib, sobib ka marineerimisetapi vahelejätmine).
c) Kuumuta ahi temperatuurini 475 °F / 220 °C. Tõsta kana ja selle marinaad küpsetusplaadile, mis on piisavalt suur, et mahutada kõike mugavalt ühe kihina (umbes 12 x 14,5 tolli / 30 x 37 cm pannile); kana nahk peaks olema ülespoole. Kui ahi on piisavalt kuum, asetage pann ahju ja röstige 35–45 minutit, kuni kana on värvi muutnud ja läbi küpsenud. Võta ahjust välja.
d) Tõsta kana, apteegitill ja klementiinid pannilt ning tõsta serveerimistaldrikule; katke kinni ja hoidke soojas.
e) Valage keeduvedelik väikesesse kastrulisse, asetage keskmisele-kõrgele tulele, laske keema tõusta ja seejärel keetke, kuni kaste on vähenenud ühe kolmandiku võrra, nii et teil jääb alles umbes ⅓ tassi / 80 ml.
f) Vala kuum kaste kanale, kaunista petersilliga ja serveeri.

56.Mejadra

KOOSTISOSAD:
- 1¼ tassi / 250 g rohelisi või pruune läätsi
- 4 keskmist sibulat (1½ naela / 700 g enne koorimist)
- 3 spl universaalset jahu
- umbes 1 tass / 250 ml päevalilleõli
- 2 tl köömneid
- 1½ sl koriandri seemneid
- 1 tass / 200 g basmati riisi
- 2 spl oliiviõli
- ½ tl jahvatatud kurkumit
- 1½ tl jahvatatud piment
- 1½ tl jahvatatud kaneeli
- 1 tl suhkrut
- 1½ tassi / 350 ml vett
- soola ja värskelt jahvatatud musta pipart

JUHISED:
a) Asetage läätsed väikesesse kastrulisse, katke rohke veega, laske keema tõusta ja keetke 12–15 minutit, kuni läätsed on pehmenenud, kuid neil on veel veidi näksimist. Nõruta ja tõsta kõrvale.
b) Koori sibulad ja viiluta õhukeseks. Tõsta suurele tasasele taldrikule, puista peale jahu ja 1 tl soola ning sega kätega korralikult läbi. Kuumuta päevalilleõli keskmise paksu põhjaga kastrulis, mis asetatakse kõrgele kuumusele. Veenduge, et õli oleks kuum, visates sisse väikese tüki sibulat; see peaks tugevalt särisema. Alanda kuumust keskmisele kõrgele ja lisa ettevaatlikult (võib sülitada!) üks kolmandik viilutatud sibulast. Prae 5–7 minutit, aeg-ajalt lusikaga segades, kuni sibul omandab kena kuldpruuni värvi ja muutub krõbedaks (reguleeri temperatuuri nii, et sibul liiga kiiresti ei praadiks ega kõrbeks). Tõsta lusikaga sibul paberrätikutega vooderdatud kurni ja puista peale veel veidi soola. Tehke sama kahe ülejäänud sibulapartiiga; vajadusel lisa veidi õli.
c) Pühkige kastrul, milles sibulat praadisite, puhtaks ning pange sisse köömned ja koriandriseemned. Asetage keskmisele kuumusele ja röstige seemneid minut või paar. Lisa riis, oliiviõli, kurkum, piment, kaneel, suhkur, ½ tl soola ja rohkelt

musta pipart. Sega, et riis oleks õliga kaetud, ning seejärel lisa keedetud läätsed ja vesi. Kuumuta keemiseni, kata kaanega ja hauta väga madalal kuumusel 15 minutit.

d) Tõsta tulelt, tõsta kaas pealt ja kata pann kiiresti puhta köögirätikuga. Sulgege tihedalt kaanega ja jätke 10 minutiks kõrvale.

e) Viimasena lisa pool praetud sibulast riisile ja läätsedele ning sega õrnalt kahvliga läbi. Kuhja segu madalasse serveerimisnõusse ja tõsta peale ülejäänud sibul.

57.Panfried meriahven koos Harissa ja roosiga

KOOSTISOSAD:
- 3 spl harissa pasta (poest ostetud või vaata retsepti)
- 1 tl jahvatatud köömneid
- 4 meriahvenafileed, kokku umbes 1 nael / 450 g, kooritud ja eemaldatud nõela luudega
- universaalne jahu tolmutamiseks
- 2 spl oliiviõli
- 2 keskmist sibulat, peeneks hakitud
- 6½ spl / 100 ml punase veini äädikat
- 1 tl jahvatatud kaneeli
- 1 tass / 200 ml vett
- 1½ spl mett
- 1 spl roosivett
- ½ tassi / 60 g sõstraid (valikuline)
- 2 spl jämedalt hakitud koriandrit (valikuline)
- 2 tl väikeseid kuivatatud söödavaid roosi kroonlehti
- soola ja värskelt jahvatatud musta pipart

JUHISED:
a) Kõigepealt marineerige kala. Sega väikeses kausis kokku pool harissa pastast, jahvatatud köömned ja ½ tl soola. Hõõru pasta kalafileed üle ja jäta 2 tunniks külmkappi marineeruma.
b) Puista filee veidi jahuga ja raputa üleliigne maha. Kuumuta oliiviõli laial pannil keskmisel-kõrgel kuumusel ja prae fileed 2 minutit mõlemalt poolt. Võimalik, et peate seda tegema kahes partiis. Tõsta kala kõrvale, jäta pannile õli ja lisa sibulad. Segage küpsetamise ajal umbes 8 minutit, kuni sibul on kuldne.
c) Lisa ülejäänud harissa, äädikas, kaneel, ½ tl soola ja rohkelt musta pipart. Valage vesi, alandage kuumust ja laske kastmel tasasel tulel 10–15 minutit podiseda, kuni see on üsna paks.
d) Lisa pannile mesi ja roosivesi koos sõstardega, kui kasutad, ja hauta veel paar minutit. Maitse ja reguleeri maitseainet ning seejärel tõsta kalafileed pannile tagasi; võite need veidi kattuda, kui need ei sobi.
e) Tõsta kaste lusikaga kaladele ja lase neil 3 minutit podisevas kastmes soojeneda; kui kaste on väga paks, võib tekkida vajadus lisada paar supilusikatäit vett.
f) Serveeri soojalt või toatemperatuuril, puista peale koriandrit, kui kasutad, ja roosi kroonlehti.

58.Krevetid, kammkarbid ja karbid tomati ja fetaga

KOOSTISOSAD:

- 1 tass / 250 ml valget veini
- 2¼ naela / 1 kg karbid, puhastatud
- 3 küüslauguküünt, õhukeselt viilutatud
- 3 spl oliiviõli, lisaks veel lõpetuseks
- 3½ tassi / 600 g kooritud ja tükeldatud Itaalia ploomtomateid (värsked või konserveeritud)
- 1 tl ülipeent suhkrut
- 2 spl hakitud pune
- 1 sidrun
- 7 untsi / 200 g tiigerkrevette, kooritud ja röstitud
- 7 untsi / 200 g suuri kammkarpe (kui väga suured, lõigake horisontaalselt pooleks)
- 4 untsi / 120 g fetajuustu, purustatud ¾-tollisteks / 2 cm tükkideks
- 3 rohelist sibulat, õhukeselt viilutatud
- soola ja värskelt jahvatatud musta pipart

JUHISED:

a) Asetage vein keskmisesse kastrulisse ja keetke, kuni see on kolmveerandi võrra vähenenud. Lisage karbid, katke kohe kaanega ja küpseta kõrgel kuumusel umbes 2 minutit, panni aeg-ajalt raputades, kuni karbid avanevad. Tõsta peenele sõelale nõrguma, kogudes keedumahlad kaussi. Visake ära kõik karbid, mis ei avane, seejärel eemaldage ülejäänud osa nende kestadest, jättes soovi korral mõned koos koorega roa viimistlemiseks.

b) Kuumuta ahi temperatuurini 475 °F / 240 °C.

c) Küpseta küüslauku suurel pannil oliiviõlis keskmisel-kõrgel kuumusel umbes 1 minut, kuni see on kuldne. Lisa ettevaatlikult tomatid, merekarp, suhkur, pune ning veidi soola ja pipart. Raseerige sidrunilt 3 kooreriba, lisage need ja hautage tasasel tulel 20–25 minutit, kuni kaste pakseneb. Maitse ja lisa vastavalt vajadusele soola ja pipart. Visake sidrunikoor ära.

d) Lisa krevetid ja kammkarbid, sega õrnalt ja küpseta vaid minut või kaks. Murra kooritud karbid sisse ja tõsta kõik väikesesse ahjuvormi. Uputa fetatükid kastmesse ja puista peale roheline sibul.

e) Soovi korral pange peale mõned koorega karbid ja asetage ahju 3–5 minutiks, kuni pealmine osa värvub veidi ning krevetid ja kammkarbid on just küpsed.

f) Tõsta roog ahjust, pigista peale veidi sidrunimahla ja viimistle tilga oliiviõliga.

59. Hautatud vutt aprikooside ja tamarindiga

KOOSTISOSAD:
- 4 eriti suurt vutti, igaüks umbes 6½ untsi / 190 g, pooleks lõigatud piki rinnaluu ja selga
- ¾ tl tšillihelbeid
- ¾ tl jahvatatud köömneid
- ½ tl apteegitilli seemneid, kergelt purustatud
- 1 spl oliiviõli
- 1¼ tassi / 300 ml vett
- 5 spl / 75 ml valget veini
- ⅔ tassi / 80 g kuivatatud aprikoose, paksult viilutatud
- 2½ spl / 25 g sõstraid
- 1½ sl ülipeent suhkrut
- 1½ spl tamarindipastat
- 2 spl värskelt pressitud sidrunimahla
- 1 tl korjatud tüümiani lehti
- soola ja värskelt jahvatatud musta pipart
- 2 spl hakitud segatud koriandrit ja lamedate lehtedega peterselli, kaunistamiseks (valikuline)

JUHISED:

a) Pühkige vutid paberrätikutega ja asetage segamisnõusse. Puista peale tšillihelbed, köömned, apteegitilli seemned, ½ tl soola ja veidi musta pipart. Masseeri kätega korralikult läbi, seejärel kata ja jäta külmkappi marineeruma vähemalt 2 tunniks või üleöö.

b) Kuumuta õli keskmisel-kõrgel kuumusel praepannil, mis on täpselt piisavalt suur, et linnud mugavalt ära mahutada ja mille jaoks sul on kaas. Pruunista linde igast küljest umbes 5 minutit, et saada ilus kuldpruun värvus.

c) Eemaldage vutt pannilt ja visake ära suurem osa rasvast, jättes alles umbes 1½ teelusikatäit. Lisa vesi, vein, aprikoosid, sõstrad, suhkur, tamarind, sidrunimahl, tüümian, ½ tl soola ja veidi musta pipart. Tõsta vutt pannile tagasi. Vesi peaks tulema kolmveerand lindude külgedest ülespoole; kui ei, lisa veel vett. Kuumuta keemiseni, kata pann kaanega ja hauta väga vaikselt 20–25 minutit, keerates vutti üks või kaks korda ümber, kuni linnud on just küpsed.

d) Tõsta vutt pannilt serveerimisvaagnale ja hoia soojas. Kui vedelik ei ole väga paks, tõsta see keskmisele kuumusele ja hauta paar minutit, et kastme konsistents oleks hea. Tõsta kaste lusikaga vuti peale ja kaunista koriandri ja peterselliga, kui kasutad.

60.Pošeeritud kana freekeh'ga

KOOSTISOSAD:
- 1 väike vabalt peetav kana, umbes 3¼ naela / 1,5 kg
- 2 pikka kaneelipulka
- 2 keskmist porgandit, kooritud ja lõigatud ¾ tolli / 2 cm paksusteks viiludeks
- 2 loorberilehte
- 2 kobarat lamedate lehtedega peterselli (kokku umbes 2½ untsi / 70 g)
- 2 suurt sibulat
- 2 spl oliiviõli
- 2 tassi / 300 g krakitud freekeh
- ½ tl jahvatatud piment
- ½ tl jahvatatud koriandrit
- 2½ spl / 40 g soolamata võid
- ⅔ tassi / 60 g viilutatud mandleid
- soola ja värskelt jahvatatud musta pipart

JUHISED:

a) Asetage kana suurde potti koos kaneeli, porgandi, loorberilehtede, 1 hunniku peterselli ja 1 tl soolaga. Veerand 1 sibul ja lisa potti. Lisa külma vett, et kana peaaegu kataks; lase keema tõusta ja hauta kaane all 1 tund, koorides aeg-ajalt õli ja vahu pinnalt eemale.

b) Umbes poole kana küpsetamise ajal viilutage teine sibul õhukeseks ja asetage see keskmise suurusega kastrulisse koos oliiviõliga. Prae keskmisel-madalal kuumusel 12–15 minutit, kuni sibul muutub kuldpruuniks ja pehmeks. Lisa freekeh, piment, koriander, ½ tl soola ja veidi musta pipart. Segage hästi ja lisage seejärel 2½ tassi / 600 ml kanapuljongit. Keera kuumus keskmisele-kõrgele. Niipea kui puljong keeb, katke pann ja alandage kuumust. Hauta tasasel tulel 20 minutit, seejärel tõsta tulelt ja jäta kaane all veel 20 minutiks.

c) Eemaldage ülejäänud peterselli kobarast lehed ja tükeldage, mitte liiga peeneks. Lisage keedetud freekehile suurem osa hakitud petersellist, segades see kahvliga.

d) Tõsta kana puljongist välja ja aseta lõikelauale. Lõika rinnad ettevaatlikult ära ja viiluta need õhukeselt viltu; eemalda liha säärtelt ja reitelt. Hoidke kana ja freekeh soojas.

e) Kui olete serveerimiseks valmis, asetage või, mandlid ja veidi soola väikesele praepannile ning praege kuni kuldpruunini. Tõsta freekeh lusikaga üksikutele serveerimisnõudele või ühele vaagnale. Tõsta peale sääre- ja reieliha, seejärel lao peale korralikult rinnaviilud. Viimistle mandlite ja võiga ning puista peterselli.

61.Kana sibula ja kardemoni riisiga

KOOSTISOSAD:
- 3 spl / 40 g suhkrut
- 3 spl / 40 ml vett
- 2½ spl / 25 g lodjamarju (või sõstraid)
- 4 spl oliiviõli
- 2 keskmist sibulat, õhukeselt viilutatud (2 tassi / kokku 250 g)
- 2¼ naela / 1 kg nahaga kondiga kana reied või 1 terve kana, veeranditeks
- 10 kardemonikauna
- ümardatud ¼ tl tervet nelki
- 2 pikka kaneelipulka, murtud kaheks
- 1⅔ tassi / 300 g basmati riisi
- 2¼ tassi / 550 ml keeva veega
- 1½ spl / 5 g lamedate lehtedega peterselli lehti, hakitud
- ½ tassi / 5 g tilli lehti, hakitud
- ¼ tassi / 5 g koriandri lehti, tükeldatud
- ⅓ tassi / 100 g Kreeka jogurtit, segatud 2 spl oliiviõliga (valikuline)
- soola ja värskelt jahvatatud musta pipart

JUHISED:
a) Pane suhkur ja vesi väikesesse kastrulisse ning kuumuta, kuni suhkur lahustub. Tõsta tulelt, lisa lodjamarjad ja tõsta leotamiseks kõrvale. Kui kasutate sõstraid, ei pea te neid sel viisil leotama.
b) Samal ajal kuumutage pool oliiviõli suurel praepannil, millel on kaas, keskmisel kuumusel, lisage sibul ja küpseta 10–15 minutit, aeg-ajalt segades, kuni sibul on muutunud sügavalt kuldpruuniks. Tõsta sibul väikesesse kaussi ja pühi pann puhtaks.
c) Asetage kana suurde segamisnõusse ja maitsestage 1½ tl soola ja musta pipraga. Lisa ülejäänud oliiviõli, kardemon, nelk ja kaneel ning sega kätega kõik hästi kokku. Kuumuta pann uuesti ja aseta sinna kana ja maitseained.
d) Prae mõlemalt poolt 5 minutit ja eemalda pannilt (see on oluline, kuna see küpsetab kana osaliselt läbi). Vürtsid võivad pannile jääda, kuid ärge muretsege, kui need kana külge jäävad.

e) Eemaldage ka suurem osa ülejäänud õlist, jättes põhja vaid õhukese kile. Lisa riis, karamelliseeritud sibul, 1 tl soola ja rohkelt musta pipart. Nõruta lodjamarjad ja lisa ka need. Segage hästi ja pange praetud kana tagasi pannile, lükates selle riisi sisse.

f) Valage riisile ja kanale keev vesi, katke pann kaanega ja keetke väga madalal kuumusel 30 minutit. Võtke pann tulelt, eemaldage kaas, asetage pannile kiiresti puhas köögirätik ja sulgege uuesti kaanega. Jätke roog segamatult veel 10 minutiks. Viimasena lisa ürdid ja sega need kahvliga sisse ning aja riis kohevaks. Maitse ja vajadusel lisa veel soola ja pipart. Serveeri kuumalt või soojalt koos jogurtiga, kui soovid.

62.Veiselihapallid Fava ubade ja sidruniga

KOOSTISOSAD:

- 4½ spl oliiviõli
- 2⅓ tassi / 350 g fava ube, värsked või külmutatud
- 4 tervet tüümianioksa
- 6 küüslauguküünt, viilutatud
- 8 rohelist sibulat, lõigatud nurga all ¾-tollisteks / 2 cm segmentideks
- 2½ spl värskelt pressitud sidrunimahla
- 2 tassi / 500 ml kanapuljongit
- soola ja värskelt jahvatatud musta pipart
- 1½ tl iga hakitud lamedate lehtedega peterselli, piparmünti, tilli ja koriandrit, lõpetuseks

LIHAPALLID

- 10 untsi / 300 g veisehakkliha
- 5 untsi / 150 g jahvatatud lambaliha
- 1 keskmine sibul, peeneks hakitud
- 1 tass / 120 g riivsaia
- 2 spl hakitud lehtpeterselli, piparmünti, tilli ja koriandrit
- 2 suurt küüslauguküünt, purustatud
- 4 tl baharat vürtsisegu (poest ostetud või vaata retsepti)
- 4 tl jahvatatud köömneid
- 2 tl kapparit, tükeldatud
- 1 muna, lahtiklopitud

JUHISED:

a) Asetage kõik lihapallide koostisosad suurde segamisnõusse. Lisa ¾ tl soola ja rohkelt musta pipart ning sega kätega korralikult läbi. Vormi pingpongi pallidega umbes sama suured pallid. Kuumuta 1 supilusikatäis oliiviõli keskmisel kuumusel eriti suurel kaanega pannil. Prae pooled lihapallid, keerates neid, kuni need on üleni pruunid, umbes 5 minutit. Eemaldage, lisage pannile veel 1½ tl oliiviõli ja küpsetage teine partii lihapalle. Eemaldage pannilt ja pühkige see puhtaks.

b) Lihapallide küpsemise ajal viska fava oad rohke soolaga maitsestatud keeva veega potti ja blanšeeri 2 minutit. Nõruta ja värskenda külma vee all. Eemaldage pooltelt fava ubadelt koor ja visake koor ära.

c) Kuumuta ülejäänud 3 supilusikatäit oliiviõli keskmisel kuumusel samal pannil, kus küpsetasid lihapallid. Lisa tüümian, küüslauk ja roheline sibul ning prae 3 minutit. Lisage koorimata fava oad, 1½ supilusikatäit sidrunimahla, ⅓ tassi / 80 ml puljongit, ¼ teelusikatäit soola ja rohkelt musta pipart. Oad peaksid olema peaaegu vedelikuga kaetud. Kata pann kaanega ja keeda tasasel tulel 10 minutit.
d) Tõsta lihapallid tagasi pannile, hoides fava ube. Lisa ülejäänud puljong, kata pann ja hauta tasasel tulel 25 minutit. Maitse kastet ja reguleeri maitsestamist. Kui see on väga vedel, eemaldage kaas ja vähendage veidi. Kui lihapallid küpsetamise lõpetavad, imavad nad endasse palju mahla, seega veenduge, et kastet oleks sel hetkel veel piisavalt. Võid lihapallid kohe serveerimiseni tulelt maha jätta.
e) Vahetult enne serveerimist kuumuta lihapallid uuesti läbi ja lisa vajadusel veidi vett, et kastet oleks piisavalt. Lisa ülejäänud ürdid, ülejäänud 1 supilusikatäis sidrunimahla ja kooritud fava oad ning sega väga õrnalt. Serveeri kohe.

63. Lambalihapallid lodjamarjade, jogurti ja ürtidega

KOOSTISOSAD:
- 1⅔ nael / 750 g jahvatatud lambaliha
- 2 keskmist sibulat, peeneks hakitud
- ⅔ untsi / 20 g lamedate lehtedega peterselli, peeneks hakitud
- 3 küüslauguküünt, purustatud
- ¾ tl jahvatatud piment
- ¾ tl jahvatatud kaneeli
- 6 spl / 60 g lodjamarju
- 1 suur vabapidamisel peetav muna
- 6½ spl / 100 ml päevalilleõli
- 1½ naela / 700 g banaani või muud suurt šalottsibulat, kooritud
- ¾ tassi pluss 2 spl / 200 ml valget veini
- 2 tassi / 500 ml kanapuljongit
- 2 loorberilehte
- 2 tüümianioksa
- 2 tl suhkrut
- 5 untsi / 150 g kuivatatud viigimarju
- 1 tass / 200 g Kreeka jogurtit
- 3 spl segatud piparmünti, koriandrit, tilli ja estragonit, jämedalt rebitud
- soola ja värskelt jahvatatud musta pipart

JUHISED:
a) Asetage lambaliha, sibul, petersell, küüslauk, piment, kaneel, lodjamarjad, muna, 1 tl soola ja ½ tl musta pipart suurde kaussi. Sega kätega, seejärel veereta umbes golfipalli suurusteks pallideks.
b) Kuumuta kolmandik õlist keskmisel kuumusel suures paksupõhjalises potis, mille jaoks sul on tihedalt suletav kaas. Pange mõned lihapallid ja küpseta ja keerake neid paar minutit, kuni nad on kõikjalt värvi saanud. Tõsta potist välja ja tõsta kõrvale. Küpseta ülejäänud lihapallid samamoodi.
c) Pühkige pott puhtaks ja lisage ülejäänud õli. Lisa šalottsibul ja küpseta neid keskmisel kuumusel 10 minutit sageli segades kuni kuldpruunini. Lisa vein, lase minut või kaks mullitada, seejärel lisa kanapuljong, loorberilehed, tüümian, suhkur ning veidi soola ja pipart. Asetage viigimarjad ja lihapallid

šalottsibulate vahele ja peale; lihapallid peavad olema peaaegu vedelikuga kaetud. Kuumuta keemiseni, kata kaanega, alanda kuumust väga madalale ja jäta 30 minutiks podisema. Eemalda kaas ja hauta veel umbes tund, kuni kastme maitse on vähenenud ja tugevnenud. Maitse ja vajadusel lisa soola ja pipart.

d) Tõsta suurele sügavale serveerimisnõusse. Vahusta jogurt, vala peale ja puista ürtidega üle.

64.Polpettone

KOOSTISOSAD:
- 3 suurt vabapidamisel peetavat muna
- 1 spl hakitud lamedate lehtedega peterselli
- 2 tl oliiviõli
- 1 nael / 500 g veisehakkliha
- 1 tass / 100 g riivsaia
- ½ tassi / 60 g soolamata pistaatsiapähkleid
- ½ tassi / 80 g kornišonid (3 või 4), lõigatud ⅜-tollisteks / 1 cm tükkideks
- 7 untsi / 200 g keedetud veise keelt (või sinki), õhukesteks viiludeks
- 1 suur porgand, tükkideks lõigatud
- 2 sellerivart, lõigatud tükkideks
- 1 tüümiani oksake
- 2 loorberilehte
- ½ sibulat, viilutatud
- 1 tl kanapuljongipõhi
- keev vesi, keetmiseks
- soola ja värskelt jahvatatud musta pipart

SALSINA VERDE
- 2 untsi / 50 g lamedate lehtedega peterselli oksi
- 1 küüslauguküüs, purustatud
- 1 spl kapparid
- 1 spl värskelt pressitud sidrunimahla
- 1 spl valge veini äädikat
- 1 suur vabapidamisel muna, kõvaks keedetud ja kooritud
- ⅔ tassi / 150 ml oliiviõli
- 3 spl leivapuru, eelistatavalt värsket
- soola ja värskelt jahvatatud musta pipart

JUHISED:
a) Alusta lameda omleti valmistamisega. Klopi lahti 2 muna, hakitud petersell ja näpuotsaga soola. Kuumuta oliiviõli suurel praepannil (läbimõõduga umbes 11 tolli / 28 cm) keskmisel kuumusel ja vala munad. Küpseta 2–3 minutit segamata, kuni munad muutuvad õhukeseks omletiks. Tõsta kõrvale jahtuma.
b) Segage suures kausis veiseliha, riivsai, pistaatsiapähklid, kornišonid, ülejäänud muna, 1 tl soola ja ½ tl pipart. Asetage

suur puhas käterätik (võite kasutada vana, millest te ei viitsi lahti saada; selle puhastamine on kerge oht) oma tööpinnale. Nüüd võtke lihasegu ja määrige see rätikule, vormides sellest kätega ristkülikukujuline ketas, mille paksus on ⅜ tolli / 1 cm ja umbes 12 × 10 tolli / 30 × 25 cm. Hoidke lapi servad selged.

c) Kata liha keeleviiludega, jättes ¾ tolli / 2 cm ümber serva. Lõika omlett 4 laiaks ribaks ja jaota need ühtlaselt üle keele.

d) Tõstke riie üles, et saaksite liha ühest laiast küljest sissepoole rullima hakata. Jätkake liha rullimist suureks vorstikujuliseks, kasutades selleks abiks rätikut. Lõpuks tahad tihket, tarretiserulli meenutavat pätsi, mille välisküljel on veisehakk ja keskel omlett. Katke päts rätikuga, mähkige see korralikult kinni, et see oleks seest suletud. Siduge otsad nööriga ja asetage üleliigne riie palgi alla, nii et saate tihedalt seotud kimbu.

e) Asetage kimp suurde pannile või Hollandi ahju. Viska pätsi ümber porgand, seller, tüümian, loorber, sibul ja puljongipõhi ning vala üle keeva veega, et see peaaegu kataks. Kata pott kaanega ja jäta 2 tunniks podisema.

f) Eemaldage päts pannilt ja asetage see kõrvale, et osa vedelikust saaks välja voolata (pošeerimispuljong oleks suurepärane supipõhi). Umbes 30 minuti pärast asetage peale midagi rasket, et rohkem mahla eemaldada. Kui see on soojenenud toatemperatuurini, asetage lihapäts 3–4 tunniks korralikult riidega kaetult külmikusse.

g) Kastme jaoks pane kõik komponendid köögikombaini ja vahusta jämedaks konsistentsiks (või maalähedase välimuse saamiseks haki petersell, kapparid ja muna käsitsi ning sega koos ülejäänud koostisosadega). Maitse ja maitsesta.

h) Serveerimiseks eemalda päts rätikust, lõika ⅜ tolli / 1 cm paksusteks viiludeks ja laota serveerimistaldrikule. Serveeri kastet kõrvale.

65. Lamba shawarma

KOOSTISOSAD:
- 2 tl musta pipra tera
- 5 tervet nelki
- ½ tl kardemonikaunad
- ¼ tl lambaläätse seemneid
- 1 tl apteegitilli seemneid
- 1 spl köömneid
- 1 tähtaniis
- ½ kaneelipulk
- ½ tervet muskaatpähklit, riivitud
- ¼ tl jahvatatud ingverit
- 1 spl magusat paprikat
- 1 spl sumakit
- 2½ tl Maldoni meresoola
- 1 unts / 25 g värsket ingverit, riivitud
- 3 küüslauguküünt, purustatud
- ⅔ tass / 40 g hakitud koriandrit, varsi ja lehti
- ¼ tassi / 60 ml värskelt pressitud sidrunimahla
- ½ tassi / 120 ml maapähkliõli
- 1 kondiga lambajalg, umbes 5½–6½ naela / 2,5–3 kg
- 1 tass / 240 ml keeva vett

JUHISED:
a) Pange esimesed 8 koostisainet malmpannile ja röstige kuivalt keskmisel kuumusel minut või paar, kuni vürtsid hakkavad paistma ja oma aroome vabastama. Olge ettevaatlik, et neid ei põletaks. Lisa muskaatpähkel, ingver ja paprika, sega veel mõni sekund, et need kuumeneda, seejärel tõsta vürtsiveskisse. Töötle vürtsid ühtlaseks pulbriks. Tõsta keskmisesse kaussi ja sega hulka kõik ülejäänud koostisosad, välja arvatud lambaliha.
b) Kasutage väikest teravat noa, et lõigata lambakoiba mõnest kohast, tehes rasvast ja lihast 1,5 cm sügavused pilud, et marinaad saaks sisse imbuda. Asetage suurele röstimispannile ja hõõruge marinaad üle kogu lambaliha; masseerige liha hästi kätega. Kata pann alumiiniumfooliumiga ja jäta vähemalt paariks tunniks kõrvale või eelistatavalt üleöö külma.
c) Kuumuta ahi temperatuurini 325 °F / 170 °C.

d) Pane lambaliha rasvase poolega ülespoole ahju ja rösti kokku umbes 4½ tundi, kuni liha on täiesti pehme.
e) Pärast 30-minutilist röstimist lisage pannile keev vesi ja kasutage seda vedelikku liha kastmiseks iga tunni järel.
f) Vajadusel lisage vett, veendudes, et panni põhjas on alati umbes 0,5 cm. Viimased 3 tundi kata lambaliha fooliumiga, et vürtsid ei kõrbeks. Kui see on valmis, eemaldage lambaliha ahjust ja laske enne nikerdamist ja serveerimist 10 minutit puhata.
g) Võtke kuus eraldi pitataskut ja pintseldage need seest rikkalikult määrdega, mis on valmistatud, segades kokku ⅔ tassi / 120 g tükeldatud konservtomateid, 2 teelusikatäit / 20 g harissapastat, 4 teelusikatäit / 20 g tomatipastat, 1 spl oliiviõli ja veidi soola ja pipart. Kui lambaliha on valmis, soojendage pitasid kuumal küpsetuspannil, kuni need saavad mõlemal küljel ilusad söemärgid.
h) Viiluta soe lambaliha ja lõika viilud 1,5 cm ribadeks. Kuhjake need iga sooja pita peale, valage lusikaga pannilt röstimisvedelikku, vähendage ja viimistlege hakitud sibula, hakitud peterselli ja sumahhiga.

66. Lõhepihvid Chraimehi kastmes

KOOSTISOSAD:
- ½ tassi / 110 ml päevalilleõli
- 3 spl universaalset jahu
- 4 lõhepihvi, umbes 1 nael / 950 g
- 6 küüslauguküünt, jämedalt hakitud
- 2 tl magusat paprikat
- 1 spl kuivröstitud ja värskelt jahvatatud köömneid
- 1½ tl jahvatatud köömneid
- ümardatud ¼ tl Cayenne'i pipart
- ümardatud ¼ tl jahvatatud kaneeli
- 1 roheline tšilli, jämedalt hakitud
- ⅔ tassi / 150 ml vett
- 3 spl tomatipastat
- 2 tl ülipeent suhkrut
- 1 sidrun, lõigatud 4 viilu, pluss 2 spl värskelt pressitud sidrunimahla
- 2 spl jämedalt hakitud koriandrit
- soola ja värskelt jahvatatud musta pipart

JUHISED:
a) Kuumuta 2 supilusikatäit päevalilleõli suurel kuumusel suurel kaanega pannil. Pane jahu madalasse kaussi, maitsesta soola ja pipraga ning viska sinna kala. Raputa maha liigne jahu ja prae kala mõlemalt poolt minut-kaks kuni kuldseks. Eemaldage kala ja pühkige pann puhtaks.

b) Asetage küüslauk, vürtsid, tšilli ja 2 supilusikatäit päevalilleõli köögikombaini ja segage, et moodustada paks pasta. Võimalik, et peate lisama veidi rohkem õli, et kõik kokku saada.

c) Valage pannile ülejäänud õli, kuumutage hästi ja lisage vürtsipasta. Sega ja prae vaid 30 sekundit, et vürtsid ei kõrbeks. Vürtside küpsemise peatamiseks lisage kiiresti, kuid ettevaatlikult (võib sülitada!) vesi ja tomatipasta. Kuumuta keemiseni ja lisa suhkur, sidrunimahl, ¾ tl soola ja veidi pipart. Maitsesta maitsestamiseks.

d) Pane kala kastmesse, lase tasasel tulel keeda, kata pann kaanega ja küpseta olenevalt kala suurusest 7–11 minutit, kuni see on just valmis. Tõsta pann tulelt, eemalda kaas ja lase jahtuda. Serveeri kala lihtsalt soojalt või toatemperatuuril. Kaunista iga portsjon koriandri ja sidruniviiluga.

67. Marineeritud magushapu kala

KOOSTISOSAD:
- 3 spl oliivõli
- 2 keskmist sibulat, lõigatud ⅜-tollisteks / 1 cm viiludeks (kokku 3 tassi / 350 g)
- 1 spl koriandri seemneid
- 2 paprikat (1 punane ja 1 kollane), poolitatud pikuti, seemnetest eemaldatud ja lõigatud ⅜ tolli / 1 cm laiusteks ribadeks (3 tassi / kokku 300 g)
- 2 küüslauguküünt, purustatud
- 3 loorberilehte
- 1½ spl karripulbrit
- 3 tomatit, tükeldatud (2 tassi / 320 g kokku)
- 2½ sl suhkrut
- 5 spl siidri äädikat
- 1 nael / 500 g pollocki, tursa, hiidlesta, kilttursa või muud valge kalafileed, jagatud 4 võrdseks tükiks
- maitsestatud universaalne jahu tolmutamiseks
- 2 eriti suurt muna, lahtiklopitud
- ⅓ tassi / 20 g hakitud koriandrit

soola ja värskelt jahvatatud musta pipart

JUHISED:
a) Kuumuta ahi temperatuurini 375 °F / 190 °C.
b) Kuumuta 2 supilusikatäit oliiviõli suurel ahjukindlal pannil või Hollandi ahjus keskmisel kuumusel. Lisa sibulad ja koriandriseemned ning küpseta sageli segades 5 minutit. Lisa paprika ja küpseta veel 10 minutit. Lisa küüslauk, loorberilehed, karripulber ja tomatid ning küpseta veel 8 minutit, aeg-ajalt segades. Lisa suhkur, äädikas, 1½ tl soola ja veidi musta pipart ning jätka küpsetamist veel 5 minutit.
c) Samal ajal kuumutage ülejäänud 1 spl õli eraldi praepannil keskmisel-kõrgel kuumusel. Puista kalale veidi soola, kasta jahusse, seejärel munadesse ja prae umbes 3 minutit, korra keerates. Tõsta kala paberrätikutele, et imada üleliigne õli, seejärel lisa koos paprikate ja sibulaga pannile, lükates köögiviljad kõrvale, et kala jääks panni põhja. Lisage nii palju vett, et kala sukelduks (umbes 1 tass / 250 ml) vedelikku.
d) Asetage pann 10–12 minutiks ahju, kuni kala on küps. Eemaldage ahjust ja laske toatemperatuurini jahtuda. Kala saab nüüd serveerida, kuid tegelikult on see parem pärast päeva või paari külmikus seismist. Enne serveerimist maitse ja lisa vajadusel soola ja pipart ning kaunista koriandriga.

KÕRVALTOS JA SALATID

68.Batata Harra (vürtsikas Liibanoni kartul)

KOOSTISOSAD:
4 suurt kartulit, kooritud ja väikesteks kuubikuteks lõigatud
1/4 tassi oliiviõli
5 küüslauguküünt, hakitud
1 tl jahvatatud koriandrit
1 tl jahvatatud köömneid
1 tl paprikat
1/2 tl Cayenne'i pipart (maitse järgi)
Sool, maitse järgi
Värske koriander või petersell, hakitud (kaunistuseks)
Sidruniviilud (serveerimiseks)

JUHISED:
Aseta kartulikuubikud soolaga maitsestatud vette ja kuumuta keemiseni.
Keeda kartuleid umbes 5-7 minutit, kuni need on kergelt pehmed, kuid mitte täielikult küpsed.
Nõruta kartulid ja tõsta kõrvale.
Kuumuta suurel pannil või pannil keskmisel kuumusel oliiviõli.
Lisa hakitud küüslauk ja prae minut aega, kuni see lõhnab.
Lisa pannile jahvatatud koriander, jahvatatud köömned, paprika, cayenne'i pipar ja sool. Sega hästi, et maitseained seguneksid küüslaugu ja õliga.
Lisa pannile aurutatud kartulikuubikud, viska need ühtlaselt vürtsiseguga kaetud.
Küpseta kartuleid umbes 15-20 minutit või kuni need on kuldpruunid ja servadest krõbedad.
Kui kartulid on keedetud, kaunistage hakitud värske koriandri või peterselliga.
Serveeri kuumalt koos sidruniviiludega kartulite peale pigistamiseks.
Võid Batata Harrat serveerida küüslaugukastme (toum) kõrvale, et saada lisamaitset.

69. Ümberpööratud baklažaan

KOOSTISOSAD:
- 1 kg baklažaani
- Näputäis soola
- 2 tassi taimeõli
- Näputäis paprikat
- 3 tassi vett
- Näputäis kaneelipulbrit
- 300 g Veise hakkliha
- 1 1/2 tassi riisi (pestud ja nõrutatud)
- 2 spl röstitud piiniaseemneid

JUHISED:
a) Lõika baklažaan 12 ümmarguseks õhukeseks viiluks, seejärel leota kausis vees 10 minutit. Eemalda baklažaaniviilud pärast leotamist ja patsuta need kuivaks.
b) Kuumutage õli ja lisage sellele partiidena baklažaan. Prae baklažaan mõlemalt poolt.
c) Aseta köögipaberile nõrguma ja tõsta kõrvale.
d) Teisel pannil rösti piiniaseemned vähese õliga.
e) Aseta liha mittenakkuvale pannile, sega pidevalt tulel, kuni see muutub pruuniks.
f) Lisage lihale vürtsid ja sool ning segage hästi.
g) Tõsta kastrulisse baklažaaniviilud, seejärel pane toores riis koos pooleteise tassi veega ning vähese soola ja gheega. Katke, kuni riis on keedetud.
h) Pange sügavasse tassi piiniaseemned, seejärel liha, seejärel baklažaan ja seejärel riis. Asetage peale tasane taldrik ja keerake roog ümber.

70.Röstitud lillkapsa ja sarapuupähkli salat

KOOSTISOSAD:
- 1 pea lillkapsas, purustatud väikesteks õisikuteks (kokku 1½ naela / 660 g)
- 5 spl oliiviõli
- 1 suur sellerivars, lõigatud nurga all ¼-tollisteks / 0,5 cm viiludeks (⅔ tass / kokku 70 g)
- 5 spl / 30 g sarapuupähkleid, koortega
- ⅓ tassi / 10 g väikseid lamedate lehtedega peterselli lehti, korjatud
- ⅓ tassi / 50 g granaatõunaseemneid (umbes ½ keskmisest granaatõunast)
- helde ¼ tl jahvatatud kaneeli
- rikkalik ¼ tl jahvatatud piment
- 1 spl šerri äädikat
- 1½ tl vahtrasiirupit
- soola ja värskelt jahvatatud musta pipart

JUHISED:
a) Kuumuta ahi temperatuurini 425 °F / 220 °C.
b) Sega lillkapsas 3 supilusikatäie oliiviõli, ½ tl soola ja mõne musta pipraga. Laota röstimispannile laiali ja rösti ahju ülemisel siinil 25–35 minutit, kuni lillkapsas on krõbe ja osa sellest on muutunud kuldpruuniks. Tõsta suurde segamisnõusse ja tõsta kõrvale jahtuma.
c) Alandage ahju temperatuuri 325 °F / 170 °C-ni. Laota sarapuupähklid küpsetuspaberiga kaetud ahjuplaadile ja rösti 17 minutit.
d) Lase pähklitel veidi jahtuda, seejärel tükelda need jämedalt ja lisa koos ülejäänud õli ja ülejäänud koostisosadega lillkapsale. Sega, maitse ja maitsesta vastavalt soola ja pipraga. Serveeri toatemperatuuril.

71.Fricassee salat

KOOSTISOSAD:
- 4 rosmariini oksa
- 4 loorberilehte
- 3 spl musta pipart
- umbes 1⅔ tassi / 400 ml ekstra neitsioliiviõli
- 10½ untsi / 300 g tuunikala, ühes või kahes tükis
- 1⅓ naela / 600 g Yukon Gold kartuleid, kooritud ja lõigatud ¾-tollisteks / 2 cm tükkideks
- ½ tl jahvatatud kurkumit
- 5 anšoovisefileed, jämedalt hakitud
- 3 spl harissa pasta (poest ostetud või vaata retsepti)
- 4 spl kapparit
- 2 tl peeneks hakitud konserveeritud sidrunikoort (poest ostetud või vaata retsepti)
- ½ tassi / 60 g musti oliive, kivideta ja poolitatud
- 2 spl värskelt pressitud sidrunimahla
- 5 untsi / 140 g konserveeritud piquillo paprikat (umbes 5 paprikat), rebitud karedateks ribadeks
- 4 suurt muna, kõvaks keedetud, kooritud ja neljaks lõigatud
- 2 väikest kallissalatit (kokku umbes 5 untsi / 140 g), lehed eraldatud ja rebitud
- ⅔ untsi / 20 g lamedate lehtedega peterselli, lehed korjatud ja rebitud
- soola

JUHISED:
a) Tuunikala valmistamiseks pane väikesesse kastrulisse rosmariin, loorberilehed ja pipraterad ning lisa oliiviõli. Kuumutage õli veidi alla keemistemperatuuri, kui pinnale hakkavad ilmuma väikesed mullid. Lisa ettevaatlikult tuunikala (tuunikala peab olema täielikult kaetud; kui ei, siis kuumuta veel õli ja lisa pannile). Tõsta tulelt ja jäta paariks tunniks kaaneta kõrvale, seejärel kata pann kaanega ja pane vähemalt 24 tunniks külmkappi.

b) Keeda kartuleid koos kurkumiga rohkes soolaga maitsestatud vees 10–12 minutit, kuni need on keedetud. Tühjendage ettevaatlikult, veendudes, et kurkumivett ei valguks (plekke on valus eemaldada!), ja asetage suurde segamisnõusse. Kui kartulid on veel kuumad, lisa anšoovised, harissa, kapparid, konserveeritud sidrun, oliivid, 6 spl / 90 ml tuunikala säilitusõli ja osa õlist saadud pipraterad. Sega õrnalt läbi ja jäta jahtuma.

c) Tõsta tuunikala järelejäänud õlist, murra see suupistesuurusteks tükkideks ja lisa salatile. Lisa sidrunimahl, paprika, munad, salat ja petersell. Segage õrnalt, maitsestage, vajadusel lisage soola ja võib-olla rohkem õli ning serveerige.

72.Safrani kana ja ürdisalat

KOOSTISOSAD:
- 1 apelsin
- 2½ spl / 50 g mett
- ½ tl safrani niite
- 1 spl valge veini äädikat
- 1¼ tassi / umbes 300 ml vett
- 2¼ naela / 1 kg nahata kondita kanarind
- 4 spl oliiviõli
- 2 väikest apteegitilli sibulat õhukesteks viiludeks
- 1 tass / 15 g korjatud koriandri lehti
- ⅔ tass / 15 g korjatud basiilikulehti, rebitud
- 15 korjatud piparmündilehte, rebitud
- 2 spl värskelt pressitud sidrunimahla
- 1 punane tšilli, õhukeselt viilutatud
- 1 küüslauguküüs, purustatud
- soola ja värskelt jahvatatud musta pipart

JUHISED:

a) Kuumuta ahi temperatuurini 400 °F / 200 °C. Kärbige ja visake ära ⅜ tolli / 1 cm kaugusel apelsini tipust ja sabast ning lõigake see 12 viilu, hoides nahka peal. Eemaldage kõik seemned.

b) Asetage viilud väikesesse kastrulisse koos mee, safrani, äädika ja täpselt nii palju vett, et apelsiniviilud oleksid kaetud. Kuumuta keemiseni ja keeda tasasel tulel umbes tund. Lõpus peaks jääma pehme apelsin ja umbes 3 spl paksu siirupit; lisa keetmise ajal vett, kui vedelik läheb väga väheks. Kasutage köögikombaini, et muuta apelsin ja siirup ühtlaseks vedelaks pastaks; uuesti, vajadusel lisa veidi vett.

c) Sega kanarind poole oliiviõli ning rohke soola ja pipraga ning tõsta väga kuumale küpsetusplaadile. Prae mõlemalt poolt umbes 2 minutit, et kõikjale jääksid selged söemärgid. Tõsta röstimispannile ja aseta 15–20 minutiks ahju, kuni see on just küpsenud.

d) Kui kana on käsitsemiseks piisavalt jahe, kuid siiski soe, rebi see kätega üsna suurteks tükkideks. Asetage suurde segamisnõusse, valage peale pool apelsinipastat ja segage hästi. (Teist poolt võid hoida paar päeva külmkapis. See sobiks hästi ürdisalsale serveerimiseks koos õlise kalaga, nagu makrell või lõhe.) Lisa ülejäänud koostisosad salatile, ka ülejäänud salatile. oliiviõli ja segage õrnalt. Maitse, lisa soola ja pipart ning vajadusel veel oliiviõli ja sidrunimahla.

73.Juurviljasalv labnehiga

KOOSTISOSAD:
- 3 keskmist peeti (kokku 1 nael / 450 g)
- 2 keskmist porgandit (9 untsi / 250 g kokku)
- ½ juurselleri (kokku 10 untsi / 300 g)
- 1 keskmine nugarabi (9 untsi / 250 g kokku)
- 4 spl värskelt pressitud sidrunimahla
- 4 spl oliiviõli
- 3 spl šerri äädikat
- 2 tl ülipeent suhkrut
- ¾ tassi / 25 g koriandri lehti, jämedalt hakitud
- ¾ tassi / 25 g piparmündilehti, hakitud
- ⅔ tassi / 20 g lamedate lehtedega peterselli lehti, jämedalt hakitud
- ½ sl riivitud sidrunikoort
- 1 tass / 200 g labneh (poest ostetud või vaata retsepti)
- soola ja värskelt jahvatatud musta pipart
- Koorige kõik köögiviljad ja viilutage need õhukesteks viiludeks, umbes 1/16 väikese kuuma tšilli, peeneks hakitud

JUHISED:
a) Asetage sidrunimahl, oliiviõli, äädikas, suhkur ja 1 tl soola väikesesse kastrulisse. Kuumuta tasasel tulel ja sega, kuni suhkur ja sool on lahustunud. Tõsta tulelt.
b) Nõruta köögiviljaribad ja tõsta paberrätikule hästi kuivama. Kuivatage kauss ja asendage köögiviljad. Valage kuum kaste köögiviljadele, segage hästi ja laske jahtuda. Aseta vähemalt 45 minutiks külmkappi.
c) Kui olete serveerimiseks valmis, lisage salatile ürdid, sidrunikoor ja 1 tl musta pipart. Sega korralikult läbi, maitse ja vajadusel lisa veel soola. Kuhjake serveerimistaldrikutele ja serveerige koos labnehiga.

74. Tabbouleh

KOOSTISOSAD:
- 1 tass bulgur-nisu
- 2 tassi keeva veega
- 3 tassi värsket peterselli, peeneks hakitud
- 1 tass värsket piparmünt, peeneks hakitud
- 4 tomatit, peeneks viilutatud
- 1 kurk, peeneks viilutatud
- 1/2 punast sibulat, peeneks hakitud
- 1/4 tassi oliiviõli
- 2 sidruni mahl
- Sool ja pipar maitse järgi

JUHISED:
a) Aseta bulgur kaussi ja vala peale keev vesi. Katke ja laske sellel seista umbes 20 minutit või kuni vesi on imendunud.
b) Puhastage bulgur kahvliga ja laske jahtuda.
c) Segage suures kausis hakitud petersell, piparmünt, tomatid, kurk ja punane sibul.
d) Lisa köögiviljadele jahtunud bulgur.
e) Vahusta väikeses kausis oliiviõli, sidrunimahl, sool ja pipar. Vala salatile ja sega kokku.
f) Maitsesta maitse järgi ja hoia enne serveerimist külmkapis.

75.Segaoasalat

KOOSTISOSAD:
- 10 untsi / 280 g kärbitud kollaseid ube (kui neid pole saadaval, topeltkogus rohelisi ube)
- 10 untsi / 280 g kärbitud rohelisi ube
- 2 punast paprikat, lõigatud ¼-tollisteks / 0,5 cm ribadeks
- 3 spl oliiviõli, pluss 1 tl paprika jaoks
- 3 küüslauguküünt, õhukeselt viilutatud
- 6 spl / 50 g kapparid, loputatud ja kuivatatud
- 1 tl köömneid
- 2 tl koriandri seemneid
- 4 rohelist sibulat, õhukeselt viilutatud
- ⅓ tassi / 10 g estragoni, jämedalt hakitud
- ⅔ tassi / 20 g korjatud kirvilehti (või korjatud tilli ja hakitud peterselli segu)
- 1 sidruni riivitud koor
- soola ja värskelt jahvatatud musta pipart

JUHISED:
a) Kuumuta ahi temperatuurini 450 °F / 220 °C.
b) Kuumuta suur pann rohke veega keema ja lisa kollased oad. 1 minuti pärast lisa rohelised oad ja küpseta veel 4 minutit või kuni oad on läbi küpsenud, kuid siiski krõmpsuvad. Värskendage jääkülma vee all, nõrutage, kuivatage ja asetage suurde segamisnõusse.
c) Vahepeal viska paprikatele 1 tl õli, laota küpsetusplaadile ja aseta ahju 5 minutiks või kuni need on pehmed. Võta ahjust välja ja lisa koos keedetud ubadega kaussi.
d) Kuumuta väikeses potis 3 spl oliiviõli. Lisa küüslauk ja küpseta 20 sekundit; lisa kapparid (ettevaatust, need sülitavad!) ja prae veel 15 sekundit.
e) Lisa köömned ja koriandriseemned ning jätka praadimist veel 15 sekundit. Küüslauk peaks nüüdseks muutunud kuldseks. Tõsta tulelt ja vala panni sisu kohe ubadele. Segage ja lisage roheline sibul, ürdid, sidrunikoor, ¼ teelusikatäit soola ja musta pipart.
f) Serveeri või hoia külmkapis kuni päev. Ärge unustage enne serveerimist toatemperatuurini viia.

76.Kohlrabi salat

KOOSTISOSAD:
- 3 keskmist kaalraabit (kokku 1⅔ naela / 750 g)
- ⅓ tassi / 80 g Kreeka jogurtit
- 5 spl / 70 g hapukoort
- 3 spl mascarpone juustu
- 1 väike küüslauguküüs, purustatud
- 1½ tl värskelt pressitud sidrunimahla
- 1 spl oliiviõli
- 2 spl peeneks hakitud värsket piparmünti
- 1 tl kuivatatud piparmünt
- umbes 12 oksa / 20 g beebikressi
- ¼ tl sumakit
- soola ja valget pipart

JUHISED:
a) Koorige nuikapsas, lõigake 1,5 cm kuubikuteks ja pange suurde segamisnõusse. Tõsta kõrvale ja valmista kaste.
b) Pane jogurt, hapukoor, mascarpone, küüslauk, sidrunimahl ja oliiviõli keskmisesse kaussi. Lisa ¼ tl soola ja jahvatatud pipart ning vahusta ühtlaseks. Lisa kaste nugarabile, seejärel värske ja kuivatatud piparmünt ning pool kressist.
c) Sega õrnalt, seejärel aseta serveerimisalusele. Tõsta peale ülejäänud kress ja puista üle sumahhiga.

77.Vürtsitud kikerherned ja köögiviljasalat

KOOSTISOSAD:
- ½ tassi / 100 g kuivatatud kikerherneid
- 1 tl söögisoodat
- 2 väikest kurki (kokku 10 untsi / 280 g)
- 2 suurt tomatit (10½ untsi / 300 g kokku)
- 8½ untsi / 240 g rediseid
- 1 punane paprika, seemned ja ribid eemaldatud
- 1 väike punane sibul, kooritud
- ⅔ untsi / 20 g koriandri lehti ja varsi, jämedalt hakitud
- ½ untsi / 15 g lamedate lehtedega peterselli, jämedalt hakitud
- 6 spl / 90 ml oliiviõli
- 1 sidruni riivitud koor ja 2 spl mahla
- 1½ spl šerri äädikat
- 1 küüslauguküüs, purustatud
- 1 tl ülipeent suhkrut
- 1 tl jahvatatud kardemoni
- 1½ tl jahvatatud piment
- 1 tl jahvatatud köömneid
- Kreeka jogurt (valikuline)
- soola ja värskelt jahvatatud musta pipart

JUHISED:
a) Leota kuivatatud kikerherneid üleöö suures kausis rohke külma vee ja söögisoodaga. Järgmisel päeval kurna, aseta suurde kastrulisse ja kata veega, mis on kaks korda suurem kui kikerhernes. Kuumuta keemiseni ja keeda, eemaldades vahu, umbes tund aega, kuni see on täiesti pehme, seejärel nõruta.
b) Lõika kurk, tomat, redis ja pipar ⅔-tollisteks / 1,5 cm kuubikuteks; lõigake sibul 0,5 cm suurusteks kuubikuteks. Sega kõik kausis koos koriandri ja peterselliga.
c) Sega purgis või suletavas anumas 5 spl/75 ml oliiviõli, sidrunimahla ja -koort, äädikat, küüslauku ja suhkrut ning sega korralikult kastmeks, seejärel maitsesta soola ja pipraga. Vala kaste salatile ja sega kergelt läbi.
d) Sega kokku kardemon, piment, köömned ja ¼ tl soola ning laota taldrikule. Viska keedetud kikerherned mõne partiina vürtsisegusse, et need hästi kataks. Kuumuta ülejäänud oliiviõli pannil keskmisel kuumusel ja prae kikerherneid kergelt 2–3 minutit, panni õrnalt raputades, et need küpseksid ühtlaselt ja ei kleepuks. Hoida soojas.
e) Jaga salat nelja taldriku vahel suureks ringiks ja tõsta lusikaga peale soojad vürtsised kikerherned, nii et salati serv jääb selgeks. Salati kreemjaks muutmiseks võid peale nirista veidi kreeka jogurtit.

78.Vürtsikas peedi-, porru- ja pähklisalat

KOOSTISOSAD:
- 4 keskmist peeti (600 g kokku pärast keetmist ja koorimist)
- 4 keskmist porrulauku, lõigatud 4-tollisteks / 10 cm tükkideks (4 tassi / 360 g kokku)
- ½ untsi / 15 g koriandrit, jämedalt hakitud
- 1¼ tassi / 25 g rukolat
- ⅓ tassi / 50 g granaatõunaseemneid (valikuline)
- RIIDEMINE
- 1 tass / 100 g kreeka pähkleid, jämedalt hakitud
- 4 küüslauguküünt, peeneks hakitud
- ½ tl tšillihelbeid
- ¼ tassi / 60 ml siidri äädikat
- 2 spl tamarindi vett
- ½ tl pähkliõli
- 2½ spl maapähkliõli
- 1 tl soola

JUHISED:
a) Kuumuta ahi temperatuurini 425 °F / 220 °C.
b) Mähi peedid ükshaaval alumiiniumfooliumisse ja rösti neid ahjus 1–1,5 tundi, olenevalt nende suurusest. Pärast küpsetamist peaksite saama väikese noa hõlpsalt keskele torgata. Võta ahjust välja ja tõsta kõrvale jahtuma.
c) Kui peet on käsitsemiseks piisavalt jahtunud, koorige need pooleks ja lõigake kumbki pool 1 cm paksusteks viiludeks. Pane keskmisesse kaussi ja tõsta kõrvale.
d) Asetage porrulauk soolaga maitsestatud veega keskmisele pannile, laske keema tõusta ja hautage 10 minutit, kuni need on küpsed. oluline on neid õrnalt hautada ja mitte üle küpsetada, et nad laiali ei laguneks. Nõruta ja värskenda külma vee all, seejärel lõika väga terava sakilise noaga iga segment kolmeks väiksemaks tükiks ja patsuta kuivaks. Tõsta kaussi, eralda peedist ja tõsta kõrvale.
e) Köögiviljade küpsemise ajal sega kokku kõik kastme ained ja jäta vähemalt 10 minutiks ühele poole, et kõik maitsed kokku saaksid.

f) Jaga pähklikaste ja koriander võrdselt peedi ja porru vahel ning viska õrnalt läbi. Maitse mõlemat ja vajadusel lisa veel soola.

g) Salati kokkupanemiseks laota suurem osa peedist serveerimisvaagnale, laota peale rukolat, siis suurem osa porrulaugust, siis ülejäänud peet ning lõpetuseks lisa veel porrulauk ja rukola. Puista peale granaatõunaseemneid, kui kasutad, ja serveeri.

79.Turske suvikõrvitsa ja tomati salat

KOOSTISOSAD:
- 8 kahvaturohelist suvikõrvitsat või tavalist suvikõrvitsat (kokku umbes 2¼ naela / 1 kg)
- 5 suurt, väga küpset tomatit (kokku 1¾ naela / 800 g)
- 3 spl oliiviõli, lisaks veel lõpetuseks
- 2½ tassi / 300 g Kreeka jogurtit
- 2 küüslauguküünt, purustatud
- 2 punast tšillit, seemnetest ja tükeldatud
- 1 keskmise sidruni riivitud koor ja 2 spl värskelt pressitud sidrunimahla
- 1 sl datlisiirupit ja viimistluseks veel lisa
- 2 tassi / 200 g kreeka pähkleid, jämedalt hakitud
- 2 spl hakitud piparmünt
- ⅔ untsi / 20 g lamedate lehtedega peterselli, hakitud
- soola ja värskelt jahvatatud musta pipart

JUHISED:
a) Kuumuta ahi temperatuurini 425 °F / 220 °C. Asetage rihveldatud küpsetuspann kõrgele kuumusele.
b) Tükelda suvikõrvits ja lõika pikuti pooleks. Poolita ka tomatid. Pintselda suvikõrvits ja tomatid lõikepoolt oliiviõliga ning maitsesta soola ja pipraga.
c) Praeguseks peaks küpsetuspann olema kuum. Alusta suvikõrvitsast. Asetage mõned neist pannile, lõikepool all, ja küpseta 5 minutit; suvikõrvits peaks olema ühelt poolt kenasti söestunud. Nüüd eemalda suvikõrvits ja korda sama toimingut tomatitega. Pane köögiviljad röstimispannile ja pane ahju umbes 20 minutiks, kuni suvikõrvits on väga pehme.
d) Eemaldage pann ahjust ja laske köögiviljadel veidi jahtuda. Haki need jämedalt ja jäta 15 minutiks kurnis nõrguma.
e) Vahusta suures segamiskausis jogurt, küüslauk, tšilli, sidrunikoor ja -mahl ning melass. Lisage tükeldatud köögiviljad, kreeka pähklid, piparmünt ja suurem osa petersellist ning segage hästi. Maitsesta ¾ tl soola ja veidi pipraga.
f) Tõsta salat suurele madalale serveerimistaldrikule ja aja laiali. Kaunista ülejäänud peterselliga. Lõpuks nirista peale datlisiirupit ja oliiviõli.

80.Peterselli ja odra salat

KOOSTISOSAD:
- ¼ tassi / 40 g pärl otra
- 5 untsi / 150 g fetajuustu
- 5½ spl oliiviõli
- 1 tl za'atari
- ½ tl kergelt röstitud ja purustatud koriandriseemneid
- ¼ tl jahvatatud köömneid
- 3 untsi / 80 g lamedate lehtedega peterselli, lehti ja peeneid varsi
- 4 rohelist sibulat, peeneks hakitud (⅓ tassi / kokku 40 g)
- 2 küüslauguküünt, purustatud
- ⅓ tassi / 40 g india pähkleid, kergelt röstitud ja jämedalt purustatud
- 1 roheline paprika, seemnetest puhastatud ja lõigatud ⅜-tollisteks / 1 cm kuubikuteks
- ½ tl jahvatatud piment
- 2 spl värskelt pressitud sidrunimahla
- soola ja värskelt jahvatatud musta pipart

JUHISED:
a) Asetage pärl oder väikesesse kastrulisse, katke rohke veega ja keetke 30–35 minutit, kuni see on pehme, kuid vähehaaval. Valage peeneks sõelale, loksutage, et kogu vesi eemaldataks, ja valage suurde kaussi.
b) Murdke feta umbes 2 cm suurusteks tükkideks ja segage väikeses kausis 1½ supilusikatäie oliiviõli, za'atari, koriandriseemnete ja köömnetega. Sega õrnalt läbi ja jäta ülejäänud salati valmistamise ajaks marineeruma.
c) Haki petersell peeneks ja pane kaussi koos rohelise sibula, küüslaugu, india pähklite, pipra, pipra, sidrunimahla, ülejäänud oliiviõli ja keedetud odraga. Sega korralikult läbi ja maitsesta oma maitse järgi. Serveerimiseks jaga salat nelja taldriku vahel ja tõsta peale marineeritud feta.

81.Rasvane salat

KOOSTISOSAD:
- 2 tomatit, tükeldatud
- 1 kurk, tükeldatud
- 1 punane sibul, peeneks hakitud
- 1 roheline paprika, tükeldatud
- 1 tass redis, viilutatud
- 1 tass värsket peterselli, hakitud
- 1 tass röstitud pita leiba, tükkideks rebitud
- 1/4 tassi oliiviõli
- 2 spl sidrunimahla
- 1 tl jahvatatud sumakit
- Sool ja pipar maitse järgi

JUHISED:
a) Segage suures kausis tomatid, kurk, punane sibul, roheline paprika, redis ja petersell.
b) Lisa röstitud pita leivatükid.
c) Vahusta väikeses kausis oliiviõli, sidrunimahl, sumahk, sool ja pipar.
d) Vala kaste salatile ja sega enne serveerimist õrnalt läbi.

82. Vürtsikas porgandisalat

KOOSTISOSAD:
- 6 suurt porgandit, kooritud (umbes 1½ naela / 700 g kokku)
- 3 spl päevalilleõli
- 1 suur sibul, peeneks hakitud (2 tassi / 300 g kokku)
- 1 spl pilpelchumat või 2 spl harissat (poest ostetud või vaata retsepti)
- ½ tl jahvatatud köömneid
- ½ tl köömneid, värskelt jahvatatud
- ½ tl suhkrut
- 3 spl siidri äädikat
- 1½ tassi / 30 g rukola lehti
- soola

JUHISED:
a) Pange porgandid suurde kastrulisse, katke veega ja laske keema tõusta. Alanda kuumust, kata kaanega ja küpseta umbes 20 minutit, kuni porgandid on lihtsalt pehmed. Nõruta ja, kui see on käsitsemiseks piisavalt jahtunud, lõika ¼-tollisteks / 0,5 cm viiludeks.
b) Porgandite küpsemise ajal kuumuta suurel pannil pool õlist. Lisa sibul ja küpseta keskmisel kuumusel 10 minutit, kuni see on kuldpruun.
c) Kallutage praetud sibul suurde segamisnõusse ja lisage pilpelchuma, köömned, köömned, ¾ tl soola, suhkur, äädikas ja ülejäänud õli. Lisa porgandid ja klopi hästi läbi. Jäta vähemalt 30 minutiks kõrvale, et maitsed küpseksid.
d) Laota salat suurele vaagnale, täpistades rukolat.

SUPID

83. Vesikressi ja kikerhernesupp roosiveega

KOOSTISOSAD:
- 2 keskmist porgandit (9 untsi / 250 g kokku), lõigatud ¾-tollisteks / 2 cm kuubikuteks
- 3 spl oliiviõli
- 2½ tl ras el hanout
- ½ tl jahvatatud kaneeli
- 1½ tassi / 240 g keedetud kikerherneid, värskeid või konserveeritud
- 1 keskmine sibul, õhukeselt viilutatud
- 2½ spl / 15 g kooritud ja peeneks hakitud värsket ingverit
- 2½ tassi / 600 ml köögiviljapuljongit
- 7 untsi / 200 g kressi
- 3½ untsi / 100 g spinatilehti
- 2 tl ülipeent suhkrut
- 1 tl roosivett
- soola
- Kreeka jogurt, serveerimiseks (valikuline)
- Kuumuta ahi temperatuurini 425 °F / 220 °C.

JUHISED:
a) Sega porgandid 1 supilusikatäie oliiviõli, ras el hanouti, kaneeli ja näpuotsatäie soolaga ning laota küpsetuspaberiga kaetud ahjupannile lamedaks. Asetage 15 minutiks ahju, seejärel lisage pooled kikerhernestest, segage hästi ja küpsetage veel 10 minutit, kuni porgand pehmeneb, kuid näkkab.
b) Vahepeal asetage sibul ja ingver suurde kastrulisse. Prae koos ülejäänud oliiviõliga keskmisel kuumusel umbes 10 minutit, kuni sibul on täiesti pehme ja kuldne. Lisa ülejäänud kikerherned, puljong, vesikress, spinat, suhkur ja ¾ tl soola, sega korralikult läbi ja kuumuta keemiseni. Küpseta minut või kaks, kuni lehed närbuvad.
c) Lülitage supp köögikombaini või blenderi abil ühtlaseks. Lisage roosivesi, segage, maitsestage ja soovi korral lisage soola või roosivett. Tõsta kõrvale, kuni porgand ja kikerherned on valmis, ning kuumuta serveerimiseks uuesti.
d) Serveerimiseks jaga supp nelja kaussi vahel ja lisa kuuma porgandi ja kikerhernestega ning soovi korral umbes 2 tl jogurtit portsjoni kohta.

84.Kuum jogurti- ja odrasupp

KOOSTISOSAD:
- 6¾ tassi / 1,6 liitrit vett
- 1 tass / 200 g pärl otra
- 2 keskmist sibulat, peeneks hakitud
- 1½ tl kuivatatud piparmünt
- 4 spl / 60 g soolamata võid
- 2 suurt muna, lahtiklopitud
- 2 tassi / 400 g Kreeka jogurtit
- ⅔ untsi / 20 g värsket piparmünti, hakitud
- ⅓ untsi / 10 g lamedate lehtedega peterselli, hakitud
- 3 rohelist sibulat, õhukeselt viilutatud
- soola ja värskelt jahvatatud musta pipart

JUHISED:
a) Laske vesi koos odraga suures kastrulis keema, lisades 1 tl soola, ja keetke 15–20 minutit, kuni oder on keedetud, kuid siiski al dente. Tõsta tulelt. Pärast keetmist vajate supi jaoks 4¾ tassi / 1,1 liitrit keeduvedelikku; lisage vett, kui aurustumise tõttu jääb seda vähem.
b) Odra küpsemise ajal hautage sibulat ja kuivatatud piparmünti keskmisel kuumusel võis pehmeks, umbes 15 minutit. Lisa see keedetud odrale.
c) Klopi suures kuumakindlas segamiskausis lahti munad ja jogurt. Sega vahukulbiga aeglaselt sisse osa odrast ja veest, kuni jogurt on soojenenud. See karastab jogurtit ja mune ning peatab nende lõhenemise kuumale vedelikule lisamisel.
d) Lisa jogurt supipotti ja tõsta pidevalt segades keskmisele kuumusele, kuni supp keeb väga kergelt. Tõsta tulelt, lisa hakitud ürdid ja roheline sibul ning kontrolli maitsestust.
e) Serveeri kuumalt.

85. Cannellini oa- ja lambalihasupp

KOOSTISOSAD:
- 1 spl päevalilleõli
- 1 väike sibul (5 untsi / 150 g kokku), peeneks hakitud
- ¼ väikest sellerijuurt, kooritud ja lõigatud ¼-tollisteks / 0,5 cm kuubikuteks (6 untsi / 170 g kokku)
- 20 suurt küüslauguküünt, kooritud, kuid terved
- 1 tl jahvatatud köömneid
- 1 nael / 500 g lambahautist (või soovi korral veiseliha), lõigatud ¾-tollisteks / 2 cm kuubikuteks
- 7 tassi / 1,75 liitrit vett
- ½ tassi / 100 g kuivatatud cannellini või pinto ube, leotatud üleöö rohkes külmas vees, seejärel kurnatud
- 7 kardemonikauna, kergelt purustatud
- ½ tl jahvatatud kurkumit
- 2 spl tomatipastat
- 1 tl ülipeent suhkrut
- 9 untsi / 250 g Yukon Goldi või muud kollase viljalihaga kartulit, kooritud ja lõigatud ¾-tollisteks / 2 cm kuubikuteks
- soola ja värskelt jahvatatud musta pipart
- leib, serveerida
- serveerimiseks värskelt pressitud sidrunimahla
- hakitud koriander või Zhoug

JUHISED:
a) Kuumutage õli suurel pannil ja küpsetage sibulat ja juursellerit keskmisel-kõrgel kuumusel 5 minutit või kuni sibul hakkab pruunistuma. Lisa küüslauguküüned ja köömned ning küpseta veel 2 minutit. Tõsta tulelt ja tõsta kõrvale.

b) Asetage liha ja vesi suurde kastrulisse või Hollandi ahju keskmisel kõrgel kuumusel, laske keema tõusta, alandage kuumust ja hautage 10 minutit, koorides sageli pinda, kuni saate selge puljongi. Lisa sibula ja juurselleri segu, nõrutatud oad, kardemon, kurkum, tomatipasta ja suhkur. Kuumuta keemiseni, kata kaanega ja hauta tasasel tulel 1 tund või kuni liha on pehme.

c) Lisa kartulid supile ja maitsesta 1 tl soola ja ½ tl musta pipraga.

d) Kuumuta uuesti keemiseni, alanda kuumust ja hauta ilma kaaneta veel 20 minutit või kuni kartulid ja oad on pehmed. Supp peaks olema paks. Vajadusel laske sellel veidi kauem mullitada, et vähendada, või lisage veidi vett. Maitske ja lisage oma maitse järgi rohkem maitseaineid.

e) Serveeri suppi leiva ja sidrunimahla ning värske hakitud koriandriga või zhougiga.

86. Mereandide ja apteegitilli supp

KOOSTISOSAD:
- 2 spl oliiviõli
- 4 küüslauguküünt, õhukeselt viilutatud
- 2 apteegitilli sibulat (kokku 10½ untsi / 300 g), kärbitud ja õhukesteks viiludeks lõigatud
- 1 suur vahajas kartul (7 untsi / 200 g kokku), kooritud ja lõigatud ⅔-tollisteks / 1,5 cm kuubikuteks
- 3 tassi / 700 ml kalapuljongit (või soovi korral kana- või köögiviljapuljongit)
- ½ keskmiselt konserveeritud sidrunit (½ untsi / 15 g kokku), poest ostetud või vaata retsepti
- 1 punane tšilli, viilutatud (valikuline)
- 6 tomatit (14 untsi / 400 g kokku), kooritud ja neljandikku lõigatud
- 1 spl magusat paprikat
- hea näputäis safranit
- 4 spl peeneks hakitud lamedate lehtedega peterselli
- 4 meriahvena fileed (kokku umbes 10½ untsi / 300 g), naha peal, pooleks lõigatud
- 14 rannakarpi (kokku umbes 8 untsi / 220 g)
- 15 merekarpi (kokku umbes 4½ untsi / 140 g)
- 10 tiigerkrevetti (kokku umbes 8 untsi / 220 g), koorega või kooritud ja tükeldatud
- 3 spl araki, ouzot või pernodi
- 2 tl hakitud estragoni (valikuline)
- soola ja värskelt jahvatatud musta pipart

JUHISED:
a) Asetage oliiviõli ja küüslauk laiale madala äärega pannile ja küpsetage keskmisel kuumusel 2 minutit ilma küüslauku värvimata. Segage apteegitill ja kartul ning küpseta veel 3–4 minutit. Lisa puljong ja konserveeritud sidrun, maitsesta ¼ tl soola ja vähese musta pipraga, lase keema tõusta, seejärel kata kaanega ja keeda tasasel tulel 12–14 minutit, kuni kartulid on küpsed. Lisa tšilli (kui kasutad), tomatid, vürtsid ja pool petersellist ning küpseta veel 4–5 minutit.

b) Lisage sel hetkel veel kuni 1¼ tassi / 300 ml vett, lihtsalt nii palju, kui on vaja, et kala oleks pošeerimiseks lihtsalt kaetud, ja laske uuesti keema tõusta. Lisa meriahven ja karbid, kata pann ja lase päris ägedalt keeda 3–4 minutit, kuni karbid avanevad ja krevetid muutuvad roosaks.

c) Tõmmake kala ja karbid supist lusika abil välja. Kui see on endiselt veidi vesine, laske supil veel paar minutit keeda, et see väheneks. Lisa arak ja maitsesta maitsestamiseks.

d) Lõpuks pange karbid ja kala supi sisse, et neid uuesti soojendada. Serveerige kohe, kaunistades ülejäänud peterselli ja estragoniga, kui kasutate.

87.Pistaatsia supp

KOOSTISOSAD:
- 2 spl keeva vett
- ¼ tl safrani niidid
- 1⅔ tassi / 200 g kooritud soolamata pistaatsiapähklid
- 2 spl / 30 g soolamata võid
- 4 šalottsibulat, peeneks hakitud (3½ untsi / 100 g kokku)
- 1 unts / 25 g ingverit, kooritud ja peeneks hakitud
- 1 porrulauk, peeneks hakitud (1¼ tassi / 150 g kokku)
- 2 tl jahvatatud köömneid
- 3 tassi / 700 ml kanapuljongit
- ⅓ tassi / 80 ml värskelt pressitud apelsinimahla
- 1 spl värskelt pressitud sidrunimahla
- soola ja värskelt jahvatatud musta pipart
- hapukoor, serveerimiseks

JUHISED:

a) Kuumuta ahi temperatuurini 350 °F / 180 °C. Valage keev vesi väikeses topsis olevatele safranilõngadele ja laske 30 minutit tõmmata.

b) Pistaatsiakoorte eemaldamiseks blanšeeri pähkleid 1 minut keevas vees, nõruta ja veel kuumana eemalda pähklid näppude vahel vajutades. Kõik koored ei tule maha nagu mandlite puhul – see on hea, sest see ei mõjuta suppi, kuid mõnest koorest vabanemine parandab värvi, muutes selle erkrohelisemaks. Laota pistaatsiapähklid ahjuplaadile ja rösti ahjus 8 minutit. Eemaldage ja laske jahtuda.

c) Kuumuta või suures potis ja lisa šalottsibul, ingver, porrulauk, köömned, ½ tl soola ja veidi musta pipart. Prae keskmisel kuumusel sageli segades 10 minutit, kuni šalottsibul on täiesti pehme. Lisa puljong ja pool safranivedelikust. Kata pann kaanega, alanda kuumust ja lase supil 20 minutit podiseda.

d) Pange kõik pistaatsiapähklid peale 1 supilusikatäie suurde kaussi koos poole supist. Kasutage käeshoitavat blenderit, et segada ühtlaseks massiks ja seejärel panna see kastrulisse tagasi. Lisage apelsini- ja sidrunimahl, soojendage uuesti ja maitsestage, et maitsestada.

e) Serveerimiseks tükelda reserveeritud pistaatsiapähklid jämedalt. Tõsta kuum supp kaussidesse ja tõsta peale lusikatäis hapukoort. Puista peale pistaatsiapähklid ja nirista peale ülejäänud safranivedelik.

88.Põletatud baklažaani ja Mograbiehi supp

KOOSTISOSAD:
- 5 väikest baklažaani (kokku umbes 2½ naela / 1,2 kg)
- päevalilleõli, praadimiseks
- 1 sibul, viilutatud (umbes 1 tass / kokku 125 g)
- 1 spl värskelt jahvatatud köömneid
- 1½ tl tomatipastat
- 2 suurt tomatit (12 untsi / 350 g kokku), kooritud ja kuubikuteks lõigatud
- 1½ tassi / 350 ml kana- või köögiviljapuljongit
- 1⅔ tassi / 400 ml vett
- 4 küüslauguküünt, purustatud
- 2½ tl suhkrut
- 2 spl värskelt pressitud sidrunimahla
- ⅓ tass / 100 g mograbieh või alternatiiv, näiteks maftoul, fregola või hiiglaslik kuskuss (vt jaotist kuskuss)
- 2 spl hakitud basiilikut või 1 spl hakitud tilli (valikuline).
- soola ja värskelt jahvatatud musta pipart

JUHISED:
a) Alustage kolme baklažaani põletamisega. Selleks järgige juhiseid Põletatud baklažaan küüslaugu, sidruni ja granaatõunaseemnetega .
b) Lõika ülejäänud baklažaanid ⅔-tollisteks / 1,5 cm kuubikuteks. Kuumutage suures kastrulis keskmiselt kõrgel kuumusel umbes ⅔ tassi / 150 ml õli. Kui see on kuum, lisa baklažaanikuubikud. Prae sageli segades 10–15 minutit, kuni see on kõikjalt värvunud; lisa vajadusel veel veidi õli, et pannil oleks alati veidi õli. Eemaldage baklažaan, asetage kurn nõrguma ja puistake soolaga.
c) Veenduge, et pannile jääks umbes 1 spl õli, seejärel lisage sibul ja köömned ning praege sageli segades umbes 7 minutit. Lisage tomatipasta ja küpseta veel minut enne tomatite, puljongi, vee, küüslaugu, suhkru, sidrunimahla, 1½ tl soola ja musta pipra lisamist. Hauta vaikselt 15 minutit.
d) Vahepeal lase keema väike kastrul soolaga maitsestatud vett ja lisa mograbieh või alternatiiv. Küpseta kuni al dente; see erineb olenevalt kaubamärgist, kuid see peaks võtma 15–18

minutit (kontrollige pakendit). Nõruta ja värskenda külma vee all.

e) Tõsta kõrbenud baklažaani viljaliha supi sisse ja lase käeshoitava segistiga ühtlaseks vedelikuks. Lisage mograbieh ja praetud baklažaan, jättes mõned lõpus kaunistamiseks, ja hautage veel 2 minutit. Maitse ja maitsesta. Serveeri kuumalt, reserveeritud mograbieh'i ja praetud baklažaaniga ning kaunista basiiliku või tilliga, kui soovite.

89.Tomati ja juuretisega supp

KOOSTISOSAD:
- 2 spl oliiviõli, pluss veel lõpetuseks
- 1 suur sibul, hakitud (1⅔ tassi / kokku 250 g)
- 1 tl köömneid
- 2 küüslauguküünt, purustatud
- 3 tassi / 750 ml köögiviljapuljongit
- 4 suurt küpset tomatit, tükeldatud (4 tassi / kokku 650 g)
- üks 14 untsi / 400 g purk tükeldatud Itaalia tomateid
- 1 spl ülipeent suhkrut
- 1 viil juuretisega leiba (1½ untsi / 40 g kokku)
- 2 spl hakitud koriandrit, lisaks veel viimistluseks
- soola ja värskelt jahvatatud musta pipart

JUHISED:
a) Kuumuta keskmisel kastrulis õli ja lisa sibul. Prae umbes 5 minutit, sageli segades, kuni sibul on läbipaistev. Lisa köömned ja küüslauk ning prae 2 minutit. Vala puljong, mõlemat tüüpi tomatid, suhkur, 1 tl soola ja korralik jahvatatud must pipar.
b) Kuumuta supp tasasel tulel ja keeda 20 minutit, lisades poole küpsemise ajal tükkideks rebitud leib.
c) Lõpuks lisage koriander ja seejärel segage segisti abil mõne kaunviljaga, et tomatid laguneksid, kuid oleksid siiski veidi jämedad ja tükid. Supp peaks olema üsna paks; lisage veidi vett, kui see on praegu liiga paks. Serveeri õliga üle piserdatud ja värske koriandriga üle puistatud.

90.Selge kanasupp knaidlachiga

KOOSTISOSAD:
- 1 vabapidamisel peetav kana, umbes 4½ naela / 2 kg, jagatud veeranditeks, koos kõigi luudega ja sisetükkidega, kui saate neid, ja lisatiivad või luud, mille lihunikust saate
- 1½ tl päevalilleõli
- 1 tass / 250 ml kuiva valget veini
- 2 porgandit, kooritud ja lõigatud ¾-tollisteks / 2 cm viiludeks (kokku 2 tassi / 250 g)
- 4 sellerivart (kokku umbes 10½ untsi / 300 g), lõigatud 2½-tollisteks / 6 cm tükkideks
- 2 keskmist sibulat (kokku umbes 12 untsi / 350 g), lõigatud 8 viiluks
- 1 suur naeris (7 untsi / 200 g), kooritud, kärbitud ja 8 osaks lõigatud
- 2 untsi / 50 g hunnikut lamedate lehtedega peterselli
- 2 untsi / 50 g hunnik koriandrit
- 5 tüümianioksa
- 1 väike rosmariini oks
- ¾ untsi / 20 g tilli, millele lisandub kaunistuseks
- 3 loorberilehte
- 3½ untsi / 100 g värsket ingverit, õhukesteks viiludeks
- 20 tera musta pipart
- 5 pimenti marja
- soola

KNAIDLACH
- 2 eriti suurt muna
- 2½ spl / 40 g margariini või kanarasva, sulata ja lase veidi jahtuda
- 2 spl peeneks hakitud lamedate lehtedega peterselli
- ⅔ tass / 75 g matsoeine
- 4 spl soodavett
- soola ja värskelt jahvatatud musta pipart

JUHISED:
a) Knaidlachi valmistamiseks vahusta munad keskmises kausis vahuseks. Klopi sisse sulatatud margariin, seejärel ½ tl soola, veidi musta pipart ja peterselli. Segage järk-järgult matzo jahu, seejärel soodavesi ja segage ühtlaseks pastaks. Kata kauss ja

jahuta taigen, kuni see on külm ja tahke, vähemalt tund või kaks ja kuni 1 päev ette.
b) Vooderda küpsetusplaat kilega. Vormi taignast märgade käte ja lusikaga väikeste kreeka pähklite suurused pallid ja aseta need ahjuplaadile.
c) Viska matsopallid suurde potti, kus on õrnalt keev soolaga maitsestatud vesi. Kata osaliselt kaanega ja alanda kuumust madalale. Hauta õrnalt, kuni see on pehme, umbes 30 minutit.
d) Tõsta knaidlach lõhikuga lusikaga puhtale küpsetusplaadile, kus nad saavad jahtuda, ja seejärel kuni päevaks jahedas. Või võivad nad minna otse kuuma supi sisse.
e) Supi jaoks eemaldage kana liigne rasv ja visake ära. Valage õli väga suurde kastrulisse või Hollandi ahju ja praege kanatükke kõrgel kuumusel igast küljest 3–4 minutit. Eemaldage pannilt, visake õli ära ja pühkige pann puhtaks.
f) Lisa vein ja lase minut aega mullitada. Pange kana tagasi, katke veega ja keetke väga õrnalt. Hauta umbes 10 minutit, koorides saast ära.
g) Lisa porgand, seller, sibul ja naeris. Seo kõik ürdid nööriga kimpu ja lisa potti. Lisa loorberilehed, ingver, pipraterad, piment ja 1½ teelusikatäit soola ning vala seejärel nii palju vett, et kõik oleks hästi kaetud.
h) Keeda supp väga õrnalt keemiseni ja keeda pool tundi, aeg-ajalt koorides ja vajadusel vett lisades, et kõik oleks hästi kaetud. Tõsta kana supist ja eemalda liha kontidelt. Hoidke liha kausis vähese puljongiga, et see oleks niiske, ja jahutage; reserveerida muuks kasutamiseks.
i) Pane kondid potti tagasi ja hauta veel tund aega, lisades vett täpselt nii palju, et kondid ja köögiviljad oleksid kaetud. Kurna kuum supp ja visake ürdid, köögiviljad ja luud ära. Soojendage keedetud knaidlach supi sees.
j) Kui need on kuumad, serveerige supp ja knaidlach tilliga üle puistatud madalates kaussides.

91.Vürtsikas freekeh supp lihapallidega

KOOSTISOSAD:
- 14 untsi / 400 g veise-, lamba- või mõlema kombinatsiooni
- 1 väike sibul (5 untsi / 150 g kokku), peeneks hakitud
- 2 spl peeneks hakitud lamedate lehtedega peterselli
- ½ tl jahvatatud piment
- ¼ tl jahvatatud kaneeli
- 3 spl universaalset jahu
- 2 spl oliiviõli
- soola ja värskelt jahvatatud musta pipart
- SUPPI
- 2 spl oliiviõli
- 1 suur sibul (9 untsi / 250 g kokku), tükeldatud
- 3 küüslauguküünt, purustatud
- 2 porgandit (9 untsi / 250 g kokku), kooritud ja lõigatud ⅜-tollisteks / 1 cm kuubikuteks
- 2 sellerivart (kokku 5 untsi / 150 g), lõigatud ⅜-tollisteks / 1 cm kuubikuteks
- 3 suurt tomatit (12 untsi / 350 g kokku), tükeldatud
- 2½ spl / 40 g tomatipastat
- 1 spl baharati vürtsisegu (poest ostetud või vaata retsepti)
- 1 spl jahvatatud koriandrit
- 1 kaneelipulk
- 1 spl ülipeent suhkrut
- 1 tass / 150 g krakitud freekeh
- 2 tassi / 500 ml veiselihapuljongit
- 2 tassi / 500 ml kanapuljongit
- 3¼ tassi / 800 ml kuuma vett
- ⅓ untsi / 10 g koriandrit, hakitud
- 1 sidrun, lõigatud 6 viilu

JUHISED:
a) Alusta lihapallidest. Segage suures kausis liha, sibul, petersell, piment, kaneel, ½ tl soola ja ¼ tl pipart. Sega kätega korralikult läbi, seejärel vormi segust pingpongi suurused pallid ja veereta neid jahus; saad umbes 15. Kuumuta oliiviõli suures Hollandi ahjus ja prae lihapallid keskmisel kuumusel paar minutit, kuni need on igast küljest kuldpruunid. Eemalda lihapallid ja tõsta kõrvale.

b) Pühkige pann paberrätikutega ja lisage supi jaoks oliiviõli. Prae keskmisel kuumusel sibulat ja küüslauku 5 minutit. Sega juurde porgand ja seller ning küpseta 2 minutit. Lisage tomatid, tomatipasta, vürtsid, suhkur, 2 tl soola ja ½ tl pipart ning küpseta veel 1 minut. Segage freekeh ja küpseta 2 kuni 3 minutit. Lisa puljongid, kuum vesi ja lihapallid. Kuumuta keemiseni, alanda kuumust ja hauta veel 35–45 minutit, aeg-ajalt segades, kuni freekeh on lihav ja pehme. Supp peaks olema üsna paks. Vajadusel vähendage või lisage veidi vett. Lõpuks maitse ja maitsesta.
c) Vala kuum supp serveerimiskaussidesse ja puista peale koriandrit. Kõrvale serveeri sidruniviile.

MAGUSTOIT

92. Sfouf (kurkumikook)

KOOSTISOSAD:
2 tassi manna
1 tass universaalset jahu
2 tassi suhkrut
1 spl jahvatatud kurkumit
1 tl jahvatatud aniisi
1 tl jahvatatud mahlabi (valikuline)
1 spl küpsetuspulbrit
1 tass taimeõli
1 tass vett
1 spl tahini (panni määrimiseks)
Röstitud piiniaseemned või mandlid (kaunistuseks)

JUHISED:
Kuumuta ahi temperatuurini 350 ° F (180 ° C).
Määri ruudu- või ristkülikukujuline ahjuvorm tahiniga.
Segage suures segamiskausis manna, universaalne jahu, suhkur, jahvatatud kurkum, jahvatatud aniis, jahvatatud mahlab (kui kasutate) ja küpsetuspulber. Sega hästi.
Lisa kuivainetele taimeõli ja sega läbi.
Lisa pidevalt segades vähehaaval vett, kuni saad ühtlase taigna.
Vala tainas võiga määritud ahjuvormi, aja see ühtlaselt laiali.
Kaunista taigna ülaosa röstitud seedermänniseemnete või mandlitega, surudes need kergelt taignasse.
Küpseta eelkuumutatud ahjus umbes 30-35 minutit või kuni keskele torgatud hambaork tuleb puhtana välja.
Enne ruutudeks või teemantideks viilutamist laske sfoufil pannil jahtuda.

93. Mamoul kuupäevadega

KOOSTISOSAD:
TAIGNA JAOKS:
- 3 tassi manna
- 1 tass universaalset jahu
- 1 tass soolata võid, sulatatud
- 1/2 tassi granuleeritud suhkrut
- 1/4 tassi roosivett või apelsiniõievett
- 1/4 tassi piima
- 1 tl küpsetuspulbrit

KUUPÄEVA TÄITMISEKS:
- 2 tassi kivideta datleid, tükeldatud
- 1/2 tassi vett
- 1 spl võid
- 1 tl jahvatatud kaneeli

TOLMU PÕHISTAMISEKS (VALIKULINE):
- Tolmutamiseks tuhksuhkur

JUHISED:
TÄITMISE KUUPÄEV:
a) Sega potis tükeldatud datlid, vesi, või ja jahvatatud kaneel.
b) Küpseta keskmisel kuumusel pidevalt segades, kuni datlid pehmenevad ja segu pakseneb pastalaadseks konsistentsiks.
c) Eemaldage kuumusest ja laske jahtuda.

MAMOULI TAIGAS:
d) Segage suures segamiskausis manna, universaalne jahu ja küpsetuspulber.
e) Lisa jahusegule sulavõi ja sega korralikult läbi.
f) Sega eraldi kausis suhkur, roosivesi (või apelsiniõievesi) ja piim. Sega, kuni suhkur on lahustunud.
g) Lisa vedel segu jahusegule ja sõtku ühtlaseks taignaks. Kui tainas on liiga murenev, võid lisada veel veidi sulavõid või piima.
h) Kata tainas kaanega ja lase seista umbes 30 minutit kuni tund.
i) **MAMOULI KÜPSISTE KOKKUVÕTE:**
j) Kuumuta ahi temperatuurini 350 °F (175 °C).
k) Võtke väike osa tainast ja vormige see palliks. Tasandage pall käes ja asetage keskele väike kogus kuupäevatäidist.

l) Kata täidis taignaga, vormides sellest sileda palli või kuplikuju. Kaunistuseks võid kasutada Mamouli vorme, kui sul neid on.
m) Aseta täidetud küpsised küpsetuspaberiga kaetud ahjuplaadile.
n) Küpseta 15-20 minutit või kuni põhjad on kuldpruunid. Topid ei pruugi eriti värvi muuta.
o) Lase küpsistel mõni minut küpsetusplaadil jahtuda, enne kui tõstad need restile täielikult jahtuma.

VALIKULINE TOLMIMINE:
p) Kui Mamouli küpsised on täiesti jahtunud, võite neid tuhksuhkruga üle puistata.

94.Baklava

KOOSTISOSAD:
- 1 pakk filotainast
- 1 tass soolata võid, sulatatud
- 2 tassi segatud pähkleid (kreeka pähklid, pistaatsiapähklid), peeneks hakitud
- 1 tass granuleeritud suhkrut
- 1 tl jahvatatud kaneeli
- 1 tass mett
- 1/4 tassi vett
- 1 tl roosivett (valikuline)

JUHISED:
a) Kuumuta ahi temperatuurini 350 °F (175 °C).
b) Sega kausis hakitud pähklid suhkru ja kaneeliga.
c) Tõsta filotainaleht võiga määritud ahjupannile, pintselda sulavõiga ja korda umbes 10 kihiga.
d) Puista filo peale kiht pähklisegu.
e) Jätka filo ja pähklite kihistamist, kuni koostisosad otsa saavad, lõpetades pealmise filokihiga.
f) Lõika baklava terava noaga teemant- või ruudukujulisteks vormideks.
g) Küpseta 45-50 minutit või kuni kuldpruunini.
h) Baklava küpsemise ajal kuumutage mett, vett ja roosivett (kui kasutate) kastrulis madalal kuumusel.
i) Kui baklava on valmis, kalla sellele kohe kuum mee segu.
j) Enne serveerimist lase baklaval jahtuda.

95.Mafroukeh (S emoliina ja mandli magustoit)

KOOSTISOSAD:
- 2 tassi manna
- 1 tass soolata võid
- 1 tass granuleeritud suhkrut
- 1 tass täispiima
- 1 tass blanšeeritud mandleid, röstitud ja hakitud
- Lihtne siirup (1 tass suhkrut, 1/2 tassi vett, 1 tl apelsiniõievett, keedetud siirupiseks)

JUHISED:
a) Sulata pannil või ja lisa manna. Segage pidevalt kuni kuldpruunini.
b) Lisa suhkur ja jätka segamist, kuni see on hästi segunenud.
c) Lisage aeglaselt segades piim, et vältida tükkide tekkimist. Küpseta, kuni segu pakseneb.
d) Tõsta tulelt ja sega hulka röstitud ja hakitud mandlid.
e) Suru segu serveerimisnõusse ja lase jahtuda.
f) Lõika teemantkujulisteks vormideks ja vala mafroukeh'le valmistatud lihtne siirup.
g) Enne serveerimist laske siirupil imenduda.

96.Punase pipra ja küpsetatud munagaletid

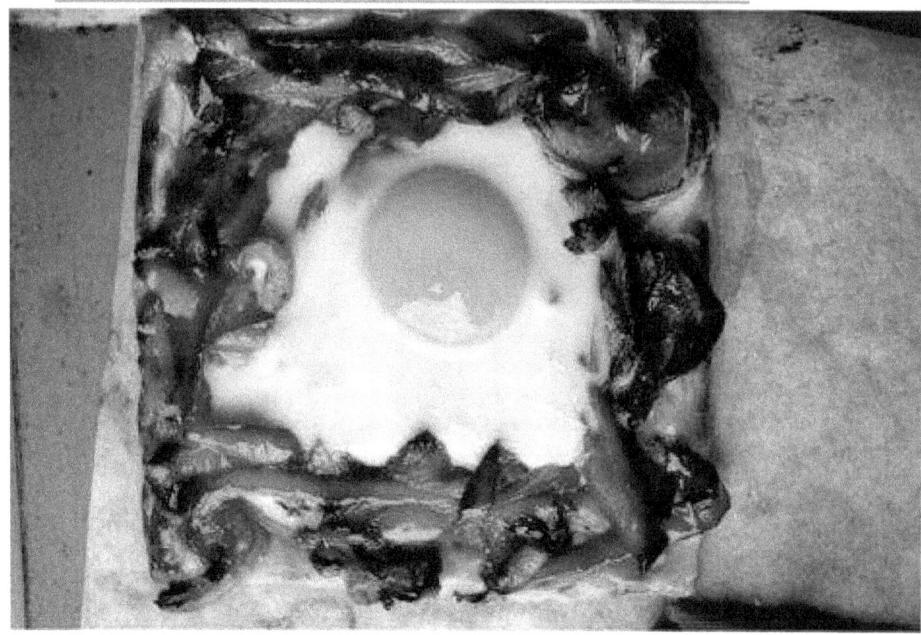

KOOSTISOSAD:
- 4 keskmist punast paprikat, poolitatud, seemnetest eemaldatud ja lõigatud ⅜ tolli / 1 cm laiusteks ribadeks
- 3 väikest sibulat, poolitatud ja lõigatud ¾ tolli / 2 cm laiusteks viiludeks
- 4 tüümianioksa, lehed korjatud ja tükeldatud
- 1½ tl jahvatatud koriandrit
- 1½ tl jahvatatud köömneid
- 6 supilusikatäit oliiviõli, pluss viimistluseks
- 1½ spl lamedate lehtedega petersellilehti, jämedalt hakitud
- 1½ spl koriandrilehti, jämedalt hakitud
- 9 untsi / 250 g parima kvaliteediga täisvõine lehttainas
- 2 spl / 30 g hapukoort
- 4 suurt vabapidamisel peetavat muna (või 5½ untsi / 160 g fetajuustu, purustatud) pluss 1 muna, kergelt lahtiklopituna
- soola ja värskelt jahvatatud musta pipart

JUHISED:
a) Kuumuta ahi temperatuurini 400 °F / 210 °C. Sega suures kausis kokku paprika, sibul, tüümianilehed, jahvatatud vürtsid, oliiviõli ja hea näpuotsaga soola. Laota röstimispannile laiali ja rösti 35 minutit, küpsetamise ajal paar korda segades. Köögiviljad peaksid olema pehmed ja magusad, kuid mitte liiga krõbedad ega pruunid, sest need küpsevad edasi. Võta ahjust välja ja sega hulka pool värsketest ürtidest. Maitsesta maitsestamist ja tõsta kõrvale. Lülitage ahi temperatuurini 425 °F / 220 °C.
b) Rulli lehttainas kergelt jahusel pinnal 12-tolliseks / 30 cm paksuseks umbes 3 mm paksuseks ruuduks ja lõika neljaks 6-tolliseks / 15 cm ruuduks. Torgake ruudud kahvliga läbi ja asetage need hästi vahedega küpsetuspaberiga kaetud ahjuplaadile. Lase vähemalt 30 minutit külmkapis puhata.
c) Võta küpsetis külmkapist ning pintselda pealt ja küljed lahtiklopitud munaga. Kandke nihkelabida või lusika tagaosa abil igale ruudule 1½ teelusikatäit hapukoort, jättes servade ümber 0,5 cm äärise. Aseta 3 supilusikatäit piprasegu hapukoorega kaetud ruutude peale, jättes servad kerkimiseks

selgeks. See tuleks jaotada üsna ühtlaselt, kuid jätke keskele madal süvend, et hiljem muna kinni hoida.

d) Küpseta galette 14 minutit. Võta küpsetusplaat ahjust välja ja löö ettevaatlikult terve muna iga saia keskel olevasse süvendisse. Tõsta tagasi ahju ja küpseta veel 7 minutit, kuni munad on tahenenud. Puista peale musta pipart ja ülejäänud ürte ning nirista peale õli. Serveeri korraga.

97.Ürdipirukas

KOOSTISOSAD:
- 2 spl oliiviõli, lisaks veel saia pintseldamiseks
- 1 suur sibul, tükeldatud
- 1 nael / 500 g Šveitsi mangold, varred ja lehed peeneks hakitud, kuid eraldi hoitud
- 5 untsi / 150 g sellerit, õhukeselt viilutatud
- 1¾ untsi / 50 g rohelist sibulat, hakitud
- 1¾ untsi / 50 g rukolat
- 1 unts / 30 g lamedate lehtedega peterselli, hakitud
- 1 unts / 30 g piparmünt, hakitud
- ¾ untsi / 20 g tilli, hakitud
- 4 untsi / 120 g anari- või ricotta juustu, purustatud
- 3½ untsi / 100 g laagerdunud Cheddari juustu, riivitud
- 2 untsi / 60 g fetajuustu, purustatud
- 1 sidruni riivitud koor
- 2 suurt vabapidamisel peetavat muna
- ⅓ tl soola
- ½ tl värskelt jahvatatud musta pipart
- ½ tl ülipeent suhkrut
- 9 untsi / 250 g filo tainast

JUHISED:

a) Kuumuta ahi temperatuurini 400 °F / 200 °C. Valage oliivõli suurele sügavale praepannile keskmisel kuumusel. Lisa sibul ja prae pruunistumata 8 minutit. Lisage mangoldi varred ja seller ning jätkake küpsetamist 4 minutit, aeg-ajalt segades. Lisa mangoldilehed, tõsta kuumust keskmisele kõrgele ja sega keetmise ajal 4 minutit, kuni lehed närbuvad. Lisa roheline sibul, rukola ja ürdid ning küpseta veel 2 minutit. Tõsta tulelt ja tõsta kurni jahtuma.

b) Kui segu on jahtunud, pigista välja nii palju vett kui saad ja tõsta segamisnõusse. Lisage kolm juustu, sidrunikoor, munad, sool, pipar ja suhkur ning segage hästi.

c) Laota välja filotainaleht ja pintselda seda veidi oliiviõliga. Katke teise paberilehega ja jätkake samal viisil, kuni teil on õliga pintslitud 5 kihti filo, mis kõik katavad piisavalt suure ala, et vooderdada 8½-tollise / 22 cm pirukavormi küljed ja põhja, lisaks veel lisa, et rippuda üle ääre. . Vooderda pirukavorm tainaga, täitke ürdiseguga ja voldi üleliigne tainas üle täidise serva, kärpige tainast vastavalt vajadusele, et tekiks ¾-tolline / 2 cm ääris.

d) Tee veel 5 õliga pintslitud filokihti ja aseta need piruka peale. Murra tainast veidi üles, et tekiks laineline, ebaühtlane pealispind ja lõika servad nii, et see kataks piruka. Pintselda oliiviõliga ja küpseta 40 minutit, kuni filo muutub ilusaks kuldpruuniks. Võta ahjust välja ja serveeri soojalt või toatemperatuuril.

98. Burekas

KOOSTISOSAD:
- 1 naela / 500 g parima kvaliteediga täisvõine lehttainas
- 1 suur vabapidamisel pekstud muna

RICOTTA TÄIDIS
- ¼ tassi / 60 g kodujuustu
- ¼ tassi / 60 g ricotta juustu
- ⅔ tassi / 90 murendatud fetajuustu
- 2 tl / 10 g soolata võid, sulatatud

PECORINO TÄIDIS
- 3½ spl / 50 g ricotta juustu
- ⅔ tassi / 70 g riivitud laagerdunud pecorino juustu
- ⅓ tassi / 50 g riivitud laagerdunud Cheddari juustu
- 1 porrulauk, lõigatud 2-tollisteks / 5 cm tükkideks, blanšeeritud kuni pehmeks ja peeneks hakitud (¾ tassi / kokku 80 g)
- 1 spl hakitud lamedate lehtedega peterselli
- ½ tl värskelt jahvatatud musta pipart

SEEMNED
- 1 tl nigella seemneid
- 1 tl seesamiseemneid
- 1 tl kollaseid sinepiseemneid
- 1 tl köömneid
- ½ tl tšillihelbeid

JUHISED:
a) Rulli tainas kaheks 12-tolliseks / 30 cm suuruseks ruuduks, millest igaüks on ⅛ tolli / 3 mm paksune. Asetage kondiitriplaadid küpsetuspaberiga kaetud ahjuplaadile – need võivad olla üksteise peal, nende vahel on küpsetuspaberileht – ja jätke 1 tund külmikusse.

b) Asetage iga täidise koostisosade komplekt eraldi kaussi. Sega läbi ja tõsta kõrvale. Sega kõik seemned kausis kokku ja tõsta kõrvale.

c) Lõika iga kondiitrileht 4-tollisteks / 10 cm ruutudeks; kokku peaks saama 18 ruutu. Jaga esimene täidis ühtlaselt poolte ruutude vahel, lusikaga iga ruudu keskele. Pintselda iga ruudu kaks kõrvuti asetsevat serva munaga ja murra ruut pooleks, moodustades kolmnurga. Lükake õhk välja ja suruge küljed tugevalt kokku. Tahad servad väga hästi vajutada, et need küpsetamise ajal lahti ei avaneks. Korrake ülejäänud tainaruutude ja teise täidisega. Asetage küpsetuspaberiga kaetud ahjuplaadile ja jahutage külmkapis vähemalt 15 minutit, et see tahkuks. Kuumuta ahi temperatuurini 425 °F / 220 °C.

d) Määri iga saia kaks lühikest serva munaga ja kasta need servad seemnesegusse; Piisab vaid väikesest kogusest seemnetest, laiused ⅙ tolli / 2 mm, kuna need on üsna domineerivad. Pintselda iga taina pealmine osa ka munaga, vältides seemneid.

e) Veenduge, et küpsetised oleksid üksteisest umbes 1¼ tolli / 3 cm kaugusel. Küpseta 15–17 minutit, kuni see on kõikjalt kuldpruun. Serveeri soojalt või toatemperatuuril. Kui osa täidisest valgub küpsetamise ajal küpsetiste seest välja, toppige see õrnalt tagasi, kui need on käsitsemiseks piisavalt jahedad.

99.Ghraybeh

KOOSTISOSAD:

- ¾ tassi pluss 2 spl / 200 g ghee-d või selitatud võid külmkapist, et see oleks tahke
- ⅔ tassi / 70 g kondiitri suhkrut
- 3 tassi / 370 g universaalset jahu, sõelutud
- ½ tl soola
- 4 tl apelsiniõievett
- 2½ tl roosivett
- umbes 5 spl / 30 g soolamata pistaatsiapähklid

JUHISED:

a) Vahusta piitsapeaga varustatud mikseris ghee ja kondiitri suhkur 5 minutit, kuni see muutub kohevaks, kreemjaks ja kahvatuks. Asendage piits kloppijaga, lisage jahu, sool, apelsiniõie- ja roosivesi ning segage 3–4 minutit, kuni moodustub ühtlane sile tainas.

b) Mähi tainas kilesse ja jahuta 1 tund.

c) Kuumuta ahi temperatuurini 350 °F / 180 °C. Näpistage taignatükk, mis kaalub umbes ½ untsi / 15 g, ja rullige see peopesade vahel palliks. Tasandage see veidi ja asetage küpsetuspaberiga kaetud ahjuplaadile. Korrake sama ülejäänud taignaga, asetades küpsised vooderdatud lehtedele ja asetades need üksteisest kaugele. Suru iga küpsise keskele 1 pistaatsia.

d) Küpseta 17 minutit, veendudes, et küpsised ei võtaks värvi, vaid lihtsalt küpseksid läbi. Eemaldage ahjust ja laske täielikult jahtuda.

e) Hoidke küpsiseid õhukindlas anumas kuni 5 päeva.

100. Mutabbaq

KOOSTISOSAD:
- ⅔ tassi / 130 g soolata võid, sulatatud
- 14 lehte taignast, 12 x 15½ tolli / 31 x 39 cm
- 2 tassi / 500 g ricotta juustu
- 9 untsi / 250 g pehmet kitsepiimajuustu
- purustatud soolamata pistaatsiapähklid, kaunistamiseks (valikuline)
- SIIRUP
- 6 spl / 90 ml vett
- ümardatud 1⅓ tassi / 280 g ülipeent suhkrut
- 3 spl värskelt pressitud sidrunimahla

JUHISED:

a) Kuumuta ahi temperatuurini 450 °F / 230 °C. Pintselda umbes 11 x 14½ tolli / 28 x 37 cm madalate äärtega küpsetusplaati sulatatud võiga. Laota peale filoleht, suru see nurkadesse ja lase servadel üle rippuda. Pintselda kõik üle võiga, pane peale teine leht ja pintselda uuesti võiga. Korrake seda protsessi, kuni teil on ühtlaselt virnastatud 7 lehte, millest igaüks on pintseldanud võiga.

b) Pane ricotta ja kitsepiimajuust kaussi ning püreesta kahvliga korralikult läbi. Laota ülemisele filolehele, jättes serva ümber ¾ tolli / 2 cm vabaks. Pintselda juustu pind võiga ja kata peale ülejäänud 7 filolehte, pintseldades igaüks kordamööda võiga.

c) Kasutage kääridega, et lõigata servast umbes ¾ tolli / 2 cm kaugusele, kuid ilma juustuni jõudmata, et see jääks saia sees hästi suletuna. Tõstke sõrmedega filo servad õrnalt taina alla, et saada korralik serv. Pintselda üle rohkem võiga. Lõika pind terava noaga umbes 2¾-tollisteks / 7 cm suurusteks ruutudeks, võimaldades noal peaaegu põhja ulatuda, kuid mitte päris. Küpseta 25–27 minutit, kuni see on kuldne ja krõbe.

d) Kuni saia küpseb, valmista siirup. Pane vesi ja suhkur väikesesse kastrulisse ning sega puulusikaga korralikult läbi. Pane keskmisele kuumusele, lase keema tõusta, lisa sidrunimahl ja hauta tasasel tulel 2 minutit. Tõsta tulelt.

e) Kallake siirup aeglaselt kondiitrile kohe, kui selle ahjust välja võtate, veendudes, et see imbuks ühtlaselt. Lase 10 minutit jahtuda. Puista peale purustatud pistaatsiapähklid, kui kasutad, ja lõika portsjoniteks.

KOKKUVÕTE

Kui lõpetame oma maitseka teekonna läbi "Olulise Liibanoni kokaraamatu", loodame, et olete kogenud Liibanoni köögikunsti valdamise ja Liibanoni erksate maitsete oma lauale toomise rõõmu. Kõik nendel lehtedel olevad retseptid tähistavad Liibanoni roogasid iseloomustavat värskust, julgust ja külalislahkust – see annab tunnistust rikkalikust maitsevaibast, mis muudab köögi nii armastatuks.

Olenemata sellest, kas olete maitsnud hummuse lihtsust, omaks võtnud tabbouleh' rohtsust või nautinud kibbeh ja shawarma rikkalikkust, usume, et need retseptid on sütitanud teie kire Liibanoni toiduvalmistamise vastu. Lisaks koostisosadele ja tehnikatele võib Liibanoni köögikunsti valdamise kontseptsioon olla ühenduse, tähistamise ja inimesi kokku toovate kulinaarsete traditsioonide tunnustamise allikas.

Kui jätkate Liibanoni toiduvalmistamise maailma avastamist, võib "OLULINE LIIBANI KOKARAAMAT" olla teie usaldusväärne kaaslane, juhatades teid erinevate roogade vahel, mis kajastavad Liibanoni olemust. Siin saate nautida julgeid ja aromaatseid maitseid, jagada lähedastega eineid ning võtta omaks soojust ja külalislahkust, mis iseloomustavad Liibanoni kööki. Sahtein!

www.ingramcontent.com/pod-product-compliance
Lightning Source LLC
Chambersburg PA
CBHW071307110526
44591CB00010B/816